もう、“言わずに我慢”なんてしなくていい！

精神科医Tomyの

言いたいことがラクに伝わる35の方法

精神科医Tomy

大和出版

はじめに ● ちゃんと伝えた分だけ、人付き合いがラクになる

アテクシ、精神科医のＴｏｍｙと申します。

この日本のどこかで精神科医として日々診療を続けながら、「人はどう考えたらラクに生きられるのか」をモットーに、執筆活動もしております。

そんなアテクシが今回お届けするのは、「言いたいことをちゃんと伝える方法」です。

世の中、言いたいことがちゃんと言えずに、生きづらくなっている方って案外多いと思います。特に日本は「空気を読むこと」を重んじる文化。空気を読むということは、自分の言いたいことより「空気」を優先することにもなりえます。

しかし、空気を読むことをばかりを優先していては、自分の考えを伝えること自体がまるで悪いことのように思え、言いたいことが言えなくなってもおかしくはありません。**それで何も問題が起きなければいいのですが、言いたいことが言えないでいる**

と、心の中にどんどんモヤモヤがたまっていくことになります。

思えばアテクシの人生も「いかに言いたいことを言うか」がテーマでした。アテクシのセクシュアリティはゲイですが、自分がゲイであることをいずれは家族に伝えなければいけないという問題がありました。

ただ若き日のアテクシには、それを伝える勇気も、そのつもりもなく、「墓場まで持って行く」くらいの気持ちでいたのです。でも、自分がゲイだと知らない人と接する時間がつらくなり、心の中のモヤモヤが大きくなり、ストレスになっていきました。結局、最初は、母親から問い詰められるような形で、カミングアウトすることになってしまいました。

それから数年の月日が経ち、結果的には受け入れてもらえるようにはなりましたが、「言いたいことをうまく伝える」ということがちゃんとできていれば、もっと相手と向き合ったカミングアウトができたのではないかと思っています。

ここまで大きな話でなくても、「言いたいことを言えなくて困っている」ケースはよくあると思います。たとえば、このようなことはありませんか？

「できそうもない仕事を振られたとき、なかなか『できない』と上司に言えません」

「恋人がなんでもかんでも勝手に決めてしまうので、何も主張できないのがつらい」

「無意識にマウントを取ってくる友人をスルーできなくて、ストレスに……」

「親戚の叔母が一方的に愚痴ばかり話し、いつも聞き役になるので困ります」

最初に相手に言えないと、どんどん言い出しにくくなる。

その結果、心のバランスを崩してしまう。

そうなるくらいなら、ちゃんと伝えたほうが気まずくならずにすむはずです。だって人は、自分の都合のいいようにしか解釈しないから、言わなきゃ何も変わらない。

伝えるコツは、「重要なことほど簡潔に」、そして、「小さなことから言うこと」。

具体的にどうしたらいいのか、その答えはこの本の中にあります。

さあ、ページを開いて、上手に言いたいことを言える自分になりましょ。

精神科医Ｔｏｍｙ

精神科医Tomyの
言いたいことが
ラクに伝わる35の方法

もくじ

はじめに――ちゃんと伝えた分だけ、人付き合いがラクになる

第1章
言いたいことが言えずに、いつも押し黙ってしまうあなたへ

なんで、言いたいことが言えないんだろう?――14

言えなくなるのは、こんなとき——18
相手との関係をこじらせる原因になる——23

第2章 「伝える」ために必要なこと

「言える自分」になるための7つのレッスン——28
レッスン1 ▼ 小さなことから伝える——28
レッスン2 ▼ 自分の苦手なことを把握する——29
レッスン3 ▼ めげずに何度も自分の意見を言う——31
レッスン4 ▼ 相手の意見を聞きながら発言する——32
レッスン5 ▼ 近づかないほうがいい人を見極める——36
レッスン6 ▼ LINEやメールではなく、直接会って伝える——38
レッスン7 ▼ 「言いたいことが言える人」をコピーしてみる——40

第3章 こんなとき、この言い方で、ちゃんと伝わる

CASE 1 肝心なことを肝心な人に言う勇気がない——42

Q1▼自分の発言する内容に自信がない——43
Q2▼人のミスを指摘できない——44
Q3▼結婚する気がないことを親戚に言えない——48
Q4▼弱音を吐けない——52
Q5▼不安や妄想をぶつけてもいいのか迷う——56
Q6▼店員さんに言うべきことを伝えられない——60
Q7▼家族に言いたいことが言えない——65
Q8▼問題点を他人に指摘できない——67

CASE 2 嫌われると思い込んで言えない —— 71
Q 9 ▼ 疎外されている気がする —— 72
Q 10 ▼ 相手に合わせることが普通になってしまっている —— 73
Q 11 ▼ 相手が不機嫌になるから先延ばしにしてしまう —— 75
Q 12 ▼ 嫌われるのを恐れる性格を変えたい —— 82
Q 13 ▼ 言いすぎだと指摘された —— 86
Q 14 ▼ 心の開き方がわからない —— 89
Q 15 ▼ 変わった人だと思われるのが怖いので、黙っている —— 92
CASE 3 強く出る相手だと気持ちを押し殺してしまう —— 94
Q 16 ▼ 我の強いパートナーに何も主張できない —— 95
Q 17 ▼ いつも相手に押し切られている —— 98
Q 18 ▼ 無茶ぶりしてくる上司に無理だと言えない —— 102
Q 19 ▼ キレる人への対応がわからない —— 104

Q20▼できないことを「できない」と言えない――106
Q21▼気の強い人に何も言えない――109
Q22▼しつこい誘いを断れない――111
Q23▼NOと言えない性格が辛い――121
Q24▼話を聞く気がない人への接し方がわからない――123
Q25▼無意識にマウントを取ってくる人をスルーできない――125

CASE 4 関係上、「我慢するのが大人」だと思っている――127

Q26▼相手に合わせて、つい本音を隠してしまう――128
Q27▼自分を貶めて、嫌なことを嫌と言えない――130
Q28▼ワガママを言える人が羨ましい――138
Q29▼上手な断り方がわからない――143
Q30▼ネガティブな話ばかり止まらない人に困っている――146
Q31▼姉と比べられてプレッシャーが苦しい――149
Q32▼オンラインやメールだと言いたいことが言えない――151

Q33▼黙っているのが大人の対応？ —— 154
Q34▼リーダーなのに厳しく言えない —— 157
Q35▼気になることを言うタイミングを逃している —— 161

第4章 今日からラクに伝えるためのちょっとしたコツ

アイメッセージをマスターしましょう —— 164
意識して言いたいことを伝えること！ —— 168
うまく言おうとしなくてもいい —— 171
選り好みしたってかまわない —— 173
「重くならないように、さらっと」がポイント —— 175
重要なことほど簡潔に —— 177
気持ちいい言い方を心がける —— 179

人って聞きたい言葉しか聞いていないものだから —— 180
さあ、「こうしてほしい」を伝えていきましょ！ —— 184

おわりに —— 人生をよりよくする「考え方」は、こうして生まれた

ブックデザイン　喜來詩織（エントツ）
本文DTP　白石知美（システムタンク）

第1章

言いたいことが言えずに、いつも押し黙ってしまうあなたへ

「少し疑問に思った」「ちょっと傷ついた」

「気になってモヤモヤする」…そんなことほど、言いにくい。

でも言わなきゃ何も変わらない。

なんで言えないのか、その理由をお伝えします！

なんで、言いたいことが言えないんだろう？

さて、まず考えておきたいのは、「なぜ、言いたいことが言えないのか」っていうことなのよね。

世の中には言いたいことをズケズケ言う人もいれば、言いたいことが言えない人もいる。この違いがなんなのだろうということから考えていきたいと思います。

アテクシごとで恐縮なのですが、自分の経験から話してみようと思います。

アテクシ、こんな仕事をしていますし、オネエ口調ですし、言いたいことが言えないなんてことはないだろうと思われているのかもしれませんが、意外とチキンなんですね。

相手と異なる意見を言ったあとでは、「ああ、相手の気分を害してないだろうか」と何度も考えてしまったりします。一回送ったＬＩＮＥも何度も読み直してみて送信を取り消したり、文章を書き直したりも……。

では、アテクシの実体験から考えていきたいと思います。

例1●金銭感覚のストレスを伝えられない

これ、アテクシの昔のお話でちょっとお恥ずかしいんですが、アテクシがフリーのとき、年下の男の子とデートしたことがありました。

相手は、若くてお金もあまりないですし、ごちそうしていたんですね。

でも、何度もデートする機会があると、それが当たり前になってしまう。

アテクシが全然気にならないくらいの性格ならいいんですが、毎回毎回だとちょっとモヤッとしてしまうのよ。


でも「今度からちょっと払ってね」とは言いだしにくく、相手を不機嫌にさせるんじゃないか、みっともないんじゃないかと思ってしまう。

このパターンになると、相手から「いつもおごってもらって悪いですから、今回は大丈夫ですよ」と言ってもらうのを待つことになります。それが言える人ならいいいんですが、必ずそうとは限らないから、そこがストレスになっちゃうのね。

また、あとで聞いたら「相手がおごると言っているし、本当は悪いと思っているけど、相手のメンツをつぶしそうで言えなかった」と思っていたということが発覚したこともありました。この金銭的な感覚は、まだ相手のことをよく知らない時期に特にストレスを感じてしまうので、アテクシ未だに苦手なのよね。

例2 ● ギャンブル依存やマザコンなど、肝心なことを指摘できない

これは昔の知人との話です。この知人はわりとズケズケものを言うタイプ。

そういう人は特に苦手じゃないので、アテクシは気になっていなかった。

でも、彼には明らかにギャンブル依存とマザコンがある。**普段、「僕に問題があったらなんでも言ってね」と彼は言うものの、一番言いたいことは言いづらいのね。**

結局、このときは、ささいな問題しか言えなくて、彼が引っ越すことで、そのままあまり連絡しなくなってしまいました。

例3 ● 自分に非があると思って遠慮してしまう

これはアテクシの学生時代のときのお話。女の子の友達で、アテクシは「なんでも言える関係」だと思っていろいろ話していました。

でもアテクシの悪い癖で、言いすぎたことがあったみたいなのね。

彼女が急に不機嫌になって何も話さなくなったことがあり、「悪いことを言ったかな」とやきもきしました。**あとで仲直りしたからいいのだけど、それから遠慮してあまり言いたいことが言えなくなったように思います。**

例4 ● 問題が大きくなるまで注意できない

はじめて管理職となったアテクシ。

周りのスタッフと打ち解けて「話しやすい先生」の雰囲気を心がけるようにしました。**でも逆に、仕事で気になることがあっても、なかなか注意することができなくなったの。**結局、問題が大きくなってから、スタッフに注意をすることに。

逆に気まずくなってしまったんです。

言えなくなるのは、こんなとき

こんな本を書いているアテクシですが、言いたいことを言えず、失敗してきた経験も数多くあるのよね。

このときの自己分析を元に考えると、言いたいことを言えないときには次のパターンがあると思います。

パターン1 ● 自分に自信がないとき

自分の思っていることが、正当性があることなのか自信がないときです。

「これを言うのは自分のワガママかもしれない」「自分が非常識かもしれない」という思いがあるとき、「それだったら黙っていよう」ということになります。

パターン2●相手に嫌われたくないとき

自分の思っていることを素直に伝えると、「こんなことを考えているんだ」と相手に呆れられ、嫌われてしまうかもしれない……。

そういう思いが強いと、言いたいことが言えなくなります。

パターン3●相手が不機嫌になるのが怖いとき

パターン2に似ていますが、違うのは「嫌われるより、相手が不機嫌になって場の空気が乱れる」ことを恐れているときです。

同じ職場にいる人や同じ屋根の下で生活している人が不機嫌になれば、ストレスになります。

「それだったら黙っていよう」と思い、言いたいことが言えなくなるのです。

では、アテクシの体験を踏まえ、どうしたらいいかを考えてみましょう。

まず、「パターン1　自分に自信がないとき」の対策から考えます。
これは、そもそも、
自分が感じたことに、正しいも正しくないもない
ということをしっかり認識することが大切なのよ。
自分がそう考えてしまうことは紛れもない事実なので、正しいかどうか、常識なのかどうかは関係ないということです。
考えを伝えることは、考えを押し付けることとは違います。
なので、まず伝えてみる
それがコミュニケーションなのよね。

次に、「パターン2　相手に嫌われたくないとき」の対策を考えてみるわね。
これは、「相手に嫌われてもいい」と考えることが一番シンプル。
でも、シンプルがゆえになかなか難しいかもしれないわね。
ただ、相手に考えを伝えられなければ、だんだんとその人との関係性がぎこちなく、うまくいかなくなります。
相手との関係性をよくするために、あえて言うのだと思ったほうがいいわ。
また、考えを伝えただけで嫌われるのならば、
所詮その程度の人なのよ
と理解することも大切なことよ。

それでは、「パターン3　相手が不機嫌になるのが怖いとき」の解決方法について考えてみるわね。

まずは、
こまめに意見を言ったほうが、最終的には場の雰囲気はよくなる
ということを理解しましょう。
考えてごらんなさい。たとえば雰囲気の悪い職場。
雰囲気が悪いからって、しょっちゅう怒鳴り合っているわけじゃないでしょ。
たいてい表向きは静かだけど、みんなどことなくよそよそしくて冷たい。

緊張感がある感じじゃないかしら？

そうなのよ。

雰囲気の悪い場とは、言いたいことが言えない、風通しの悪い場
ということになるのね。

つまり、相手が不機嫌になるのを恐れて言いたいことを言わないと、余計相手が不機嫌になりやすくなるのよ。

それは自分が常に顔色をうかがっているからです。

だから、

「常に、自分の言いたいことをこまめに言う」

「相手の言いたいことも聞く」

という方法が一番解決策として正しいのね。

相手との関係をこじらせる原因になる

アテクシの経験を元に、3つのパターンから意識したい視点を考えてみたけれど、
実はもう1つ、一番忘れてはいけないことがあります。
それは、
言いたいことが言えない状況は、相手との関係性が作りだす
ということなのよ。

振り返ってみると、言いたいことが言えない経験を持つアテクシですが、決しても
ともとそういう傾向があったわけじゃありません。
アテクシも言いたいことを言いたい放題にしていた時期があるのよ。
それは、

なんの役職もついていない一勤務医だったとき
です。仕事をちゃんとやっていればそれでいいので、アテクシは嫌なことは嫌と言っていました。

この時期は、人間関係の中で失うものがなかったから言いたいことが言えたのよ。しかし、恋人、親しい友人、言うことを聞いてもらいたい部下など、関係性を悪くしては困る相手ができると、途端に言いたいことが言えなくなるわけです。

だから、言いたいことが言えないのを性格のせいだと考える前に、今の環境、特に人間関係に関する環境を見直してみることが必要なのよ。

20ページでもお話ししたけれど、理想的には、**失うものがない人間関係**を築き上げることもとても大切なのよ。

たとえば、相手との関係性がしっかりしていれば、**言いたいことを伝えたくらいで関係性は壊れない**

のよ。そうすると、言いたいことを言うことに不安は感じないわよね？
できたばかりの関係性だと、ＬＩＮＥの返事が来なければ「怒らせたかな？」「嫌いになったのかな？」などとモヤモヤしますが、しっかりできた関係性ならばあまり返事が来なくても気にならない。これと似ています。

また、ぶっちゃけ、

言いたいことを言ったくらいで壊れる人間関係なんて、本来必要がない

と割り切ることも大切だとは思うのよね。

では、目先の不安や気の弱さのために、言いたいことが言えないということが続くと、どうなるのかを考えてみましょう。

1 ● 相手が意見を聞いてくれなくなる

何も言わない人間というのは、大人しい人とか、相手に合わせる人と認識されてしまうわ。だからアナタに意見を聞かないのが当たり前になってしまいます。

それは自分の存在を軽んじられるのと同じこと。

2 ● 立場が弱くなる

言いたいことを言わなければ、アナタが相手の顔色をうかがうようになります。フェアな関係ではいられなくなるということです。

3 ● 相手との関係性にストレスを感じるようになる

自分のことを軽んじる相手との関係が心地いいわけがないわ。次第にアナタも相手に好意を感じなくなってしまうでしょう。

相手との関係を壊したくなくて言いたいことを言わなかったはずなのに、それが逆に相手との関係を壊してしまっているのよね。

アテクシがここで言いたいのはそういうことなのです。

第2章

「伝える」ために必要なこと

なんでもそのまま言えばいいってものではなく、
勇気を出して慎重に相手と接することが大事。
大切な人とギクシャクしないために気を付けるべきことを
7つのレッスンで解説します。

「言える自分」になるための7つのレッスン

それでは言いたいことを言うために、何が必要なのか考えることにするわね。自分にとって難しいことは、実践しやすい形にするのが鉄則です。

レッスン1 小さなことから伝える

いきなり大きな問題について言いたいことを言うのは誰でも抵抗があるわ。

だから、自分の意見を言っても当たり障りのないことから、こまめに言うようにします。

これをなんとなくやるのではなく、「毎回必ず自分の意見を言う」くらいに徹底させたほうがいいわ。

「今日はそばが食べたい」「私は肉が嫌い」「私は黄色の服は好きじゃないのよね」、

こういったレベルのことで充分なのよ。

おそろしいことに、言いたいことを言うのが苦手な人は、意識をしないとこんなレベルのことですら言えなくなっています。

たとえば服を選ぶときに、黄色が嫌いでも、友達からすすめられると、買わないと悪いと思って買ってしまう。こういう人もたくさんいることでしょう。

自分で買う服なのだから「黄色があまり好きじゃないの」と言うことは何も問題がないのよ。

ただ、相手への配慮がいらないわけではない。

そこは間違えちゃいけないポイントね。

「すすめてくれてありがとう。でも黄色が好きじゃないの」という感じでいいと思うの。

レッスン2 自分の苦手なことを把握する

言いたいことが言えない人は、「場に飲まれやすい」という特徴があります。

先ほどの例で言えば、本当は黄色の服が嫌いなのに、友達から「黄色がいいよ」と言われると、自分がその色が嫌いだということを忘れてしまう。

あとで冷静になったときに思いだして、後悔することがあると思います。

だから、冷静なときに「自分の苦手なこと」を整理しておくことも大切よ。

もちろん、「自分の好きなこと」をまとめておくのも有効です。

ただ、自分の苦手なことを受け入れてしまったときのほうが、あとでストレスになるので、苦手なことからまとめておいたほうがいいわね。

あとで断るのは余計にエネルギーがいるし、自分も一度は承諾した責任がある。

たとえば、アテクシの場合だと、

- 疲れているのに、相手の要求に応じる
- 金銭的に不公平な要求をされる
- あまりやりたくない仕事を頼まれる
- 会いたくない人と会う予定を作ってしまう

このへんがよくやりがちです。

一度、こういうリストを作り、相手がそういう話をしてきたらアラームが鳴るようにしておくのがおすすめだわ。

アラームが鳴ったら、その場で断ってもいいし、「今はわからないので、あとでお返事します」でもいい。とりあえず「YES」と言わないようにするのよ。

レッスン3 めげずに何度も自分の意見を言う

言いたいことを言って、自分の要求を通す人っているじゃない？

そこを目指すわけじゃないけど、参考にこういう人の言動をよく見てみましょう。

1つの特徴に気がつくと思うのよ。それは、

何度もしつこく要求してくること

いったん断ったことや、やんわり流したことでも、こういう我の強い人って何度も言ってくるわけ。

それはなぜかというと、

言いたいことが言えない人は、「NO」と言うことに多大なエネルギーを使う

ことをよく知っているからです。

何度も言えば相手が疲れてきて、「YES」と言ってしまうかもしれない。

一度、「YES」と言えば、この人の目標は達成される。

そうすると相手は「何度も言えば、いつかは自分の要求が通る」と学習してしまい、さらなる悪循環になるというわけです。

でも、そこからあなたも学べることがあるわ。それは、

自分の意見を何度も言うようにする

自分の意見を言うことの、心の抵抗値を上げないようにする

ということ。それが役に立ちます。

レッスン4 相手の意見を聞きながら発言する

言いたいことを言えない人は、自分の意見を言うことに罪悪感を抱いていることすらあるわ。もちろん、ちっとも悪くないの。

性格や生い立ち、環境が影響して、そう感じてしまうのね。

たとえば性格。相手の意見を聞くのは好きだけど、自分の意見を言うのは嫌いという性格の人もいます。

それならそのままでもいいと思うかもしれないけれど、自分の意見を言えないままだと誰でもストレスを抱えるようになるのよ。

なぜなら、意見を言わなくても、察して行動してくれる人は珍しいからです。

そして、生い立ちや環境も影響してきます。

自分の言ったことをいちいち否定してくる困った人もいるもので、そういう人間の近くで過ごすと、自分の意見がわからなくなったり、言えなくなったりするわ。

「どうせ、何を言っても否定される」と思って、自分の意見を言わなくなってしまうわけです。こういったものから解放されるのは簡単じゃないわ。

だけど、1つ方法はあります。それは、

相手の意見を聞きながら自分の意見を言うこと

一方的に自分の意見を言うわけではなく、相手の意見も聞くの。

こうすることで罪悪感は減るわ。

ただ、ここで大きなポイントがあって、
議論をしたいとき以外は議論しない
ということです。
例をあげてみましょう。

相手　「明日休みだから、ファミレスで一緒にテスト勉強しない？」

こう言われたときに、アナタは「嫌だ」と思ったとしましょう。

でも、きっと言いたいことが言えないアナタは、

「ごめん、一人で勉強したいの」

とはなかなか言えないでしょう。

そこで、相手の意見も聞きつつ、自分の意見も表明するようにしてみるの。

アナタ　「誘ってくれてありがとう。アナタは一緒に勉強したほうがはかどるのね」

相手　「家だとあまり勉強できなくて。わかった、じゃあ別々に勉強しようね」

こういう雰囲気になればいいのですが、なかには次のように食い下がってくる人もいるかもしれないわね。

相手　「そうそう、家だとあまり勉強できなくてさ。ファミレスだとドリンクも飲み放題だし。お互い、わからないところを聞けるし、絶対に効率がいいと思うんだけど」

こういうときに、さっきの、

議論をしたいとき以外は議論しない

ということが大切になってくるのよ。

議論しないやり方は簡単で、同じ言葉を繰り返せばいいわ。

「そういう人も多いと思うわ。でも私は一人で勉強しないとダメなのよねえ」

そもそも、これは価値観の問題で、平行線にならざるを得ないようなこと。

でも、アナタはやりたくないことを無理にすることはない。同じ言葉を繰り返すことで、あえて「この結論は平行線」ということをはっきりさせるのよ。

レッスン5 近づかないほうがいい人を見極める

言いたいことが言えないのは、相手が言いたいことを言わせないからだということもできるわ。

すなわち、言いたいことを言わせない人を見極め、近づかないようにすることも大切よ。じゃあ、どんな人が言いたいことを言わせないのか考えてみるわね。

● マウンティングしてくる人

マウンティングしてくる人は、無意識のうちに、あるいは場合によっては意識的

に、「自分のほうが優位である」ということを示してこようとするのね。

そういう人は、「アナタって経験がないから、的が外れたことしか言えないよね」と、「そんなことを言ったら何も言えないじゃない」というようなことをあげて、アナタを封じてこようとするわ。

そんな人の近くにいたら、余計に自信をなくして何も言えなくなっちゃう。

●しつこい人

言いたいことを言うときって、最後は平行線になることが多いわ。つまり、自分の気持ちを表明することが目的だから、正しいも正しくないもないのよ。

「これ以上、話してもしょうがないよね」というラインを見せることでもあります。でも、何度言っても食い下がってくる人はいるもので、言いたいことを言ったつもりでも、また何事もなかったかのように、同じ主張を繰り返してくるのよ。

こういう人はアナタが根負けするまで続けるので、結局、疲れて言いたいことが言えなくなってしまう。**最初から近づかないほうがいいということになります。**

● 逆切れする人

逆切れする人が一番近づいてはいけない人です。こういう人は、物事がうまくいかないと「キレる」ことによって解決することを覚えてしまっているのよね。キレるというのは暴力の一種だから、これをやられてしまうと、相手には、もちろん何も言えなくなってしまう。

つまり、恐怖によって言いたいことを言わせないのが「逆切れする人」なのよ。

逆切れする人の近くにいると、ちょっとしたマインドコントロールのような状態になるから、絶対に近づいてはいけないわ。普段いかにいい人に見えてもね。

レッスン6 ● LINEやメールではなく、直接会って伝える

言いたいことがうまく言えないからと、LINEやメールで伝えようとする人がいるわ。でも、アテクシはこの方法には反対です。

実は文字で伝えるのは、直接伝えるよりハードルが高いからなのよ。文字で言いたいことを書くときには相手の顔が見えません。

相手の顔が見えないということは、相手の反応を想像することになるのね。で、言いたいことが言えないような性格の方が、相手の反応を想像すると、

たいてい悪いほうに考えます

「相手を怒らせているに違いない」

「相手から嫌われるに違いない」

と、どんどん悪いほうに考えるようになって、かえって「言いたいことが言えない性格」を助長してしまうのよ。

だから、小さなことでも相手の顔を見て話す

または相手の声色がわかるよう、電話などで声を聴いて話すことが大切なのよね。

さらに、「思ったときに間髪入れず話す」ということも大切な練習です。

言おうか言うまいか考えすぎていると、どんどん表現が柔らかく遠回しになったり、言いたいことがよくわからない表現になったりします。

また、自分の中で言いたい気持ちを温めているうちに、それを表現するエネルギーがだんだん枯渇してしまうのよね。だから早々に伝えることが大切です。

レッスン7 「言いたいことが言える人」をコピーしてみる

世の中には言いたいことが言える人もたくさんいるわ。
そういう人をイメージして、なりきってみることも大切です。
たとえば、高飛車な女王様。

「別に」
「それで」

気の乗らないことは全く反応しない感じになって、一般的にはこうした態度は望ましくないとされがちだけど、言いたいことが言えないアナタには、その態度を真似するくらいでちょうどいいかもしれない。

結構言いたいことをズバズバ言う人もいるので、形からなりきって真似してみるのも1つの方法です。

第3章

こんなとき、この言い方で、ちゃんと伝わる

この章では、35のお悩みにTomyが回答！
仕事、パートナー、友人、家族の事例で、
アナタの「言えない」もスッキリ解消するはず。
言うべきことは言っていきましょ。

CASE

1

肝心なことを肝心な人に言う勇気がない

ここでは「肝心なことを肝心な人に言う勇気がない」というケースを見ていきます。伝えるべきことであって、自分もそれを十分に認識している。それゆえに言いたいことが言えなくなっちゃうという問題ね。

これは、言いたいことを言えないというより「言うべきことが言えない」という問題でもあります。

こういう場合は、自分が成長することが大切なのよ。

その場面だけでなく、人生には言うべきことを言わなきゃいけないことがいくらでもある。すぐにできなくても、そのうちできるように成長したほうがいいの。

次のページからは、お悩みに回答しながら、具体的にどうしたら成長できるかを考えていくわね。

Q 1

自分の発言する内容に自信がない

仕事

入社して5年目です。今度、グループで発表をすることになりました。準備をしている最中なのですが、当日のことが心配でたまりません。「メンバーの反応が怖くて、新しいことを提案できない」「あとで馬鹿にされるんじゃないかと気になって、最初に発言できない」こんなふうに思ってしまうんです。一体どうしたらいいでしょうか。

A

言いたいことを言えない理由の1つに、

自分の発言内容に自信がない

というのもあるのよね。

妙に自信がない人は、言いたいことが言えない。こういう場合は自信をつけるか、失敗を気にしないようにするのが根本的な解決方法よ。

ただそれができないから困っているわけで、なかなか難しい。

でも今回のケースに限っていえば、対応することができると思うわ。

なぜかというと、言いたいことが自己主張ではなくてレポートの内容だから。

今度発表する内容についてどう思うのか、上司とか同僚にちらっと聞いてみたらどうかしらね。さらに自信がないのなら、リハーサルをしてもいいと思うわ。

決して悪いことじゃないしね。**この場合は仕事だから「場数を踏んで自信をつける」というやり方がいいと思うわ。**

Q 2

人のミスを指摘できない

その他

タクシーで道を間違えられたのですが、「いつもと違うけど、もしかしたら私の知らない別のルートがあるのかも」と黙っていました。結局、余計に時間がかかり、間違えた分の料金は引いてくれましたが、それでも、普段より高かったです。そのことも言えずに払ってしまいました。

A

結構あるあるだわね。

特に相手が怖そうな人だったり、ぶっきらぼうな感じの人だったりすると余計言いにくいわよね。こういうとき、ある程度ため込むと逆に言いづらいのよ。

黙っていると、黙っていることがデフォルトになってしまうから、口火を切りにくくなる。疑問に思った時点でさらっと訊くのがいいと思うわ。

そして訊くにもコツがあって、

アイメッセージ

がとても大事です。

アイメッセージのアイは英語の「I」。

発言するときに、「私は○○だと思う」という言い方を基本にすることです。

この言い方だと伝えやすいし、相手に不愉快に思われにくいと言われているわ。

アイメッセージとは逆の言い方をユーメッセージと言います。

ユーメッセージは、

「アナタは〇〇です」

という言い方ね。この言い方だと相手のことを決めつけているから、相手は不愉快に思う可能性が高い。場合によっては喧嘩になることもある。

では、今回の場合、どうしたらうまく伝えられるかを考えてみましょう。

最初に話しかけるポイントとしては、「道がいつもと違う」と感じた瞬間です。

アナタ「あれっ、運転手さん、いつもと違う道に感じられるのですが」

運転手「えっ、そうですか。あっ、間違っているかもしれません。すいません」

ここでアイメッセージを使っています。

これがユーメッセージだったらこうなるわ。

アナタ「あれっ、運転手さん、この道、違いますよ」

運転手「えっ、そうですか？」

さすがにお仕事なので、運転手さんが逆上することはありませんが、こんな言い方だと確かに感じが悪いわよね。それだとアナタも言いにくい。それに、**この道が間違っているという自信がないと言いにくいと思うわ。**

このように、相手に意見を伝えるとき、アイメッセージを使えば、そうそう相手の気分を害すことはない。だから遠慮なく使ってみましょう。

また、それでも言いづらいと思うのなら、タクシーに乗ったときに軽く話しておくことをおすすめするわ。

「よろしくお願いします」

「今日は急に雨が降ったので助かりました」

他愛のない会話をちらっとしておくことで、

「あれっ、はじめて通る道だと思います～」

などと切りだしやすくなるのよ。結局、**言いたいことを言うというのは、コミュニケーションの延長上にある**ということなのよね。ちゃんとコミュニケーションを取っていれば、言いたいことも言いやすいし、フォローもしやすい。
「言いたいことが言えない」という思いだけに駆られて、コミュケーションがぎこちなくなることも、うまく言えない理由の1つというわけなのよ。

Q 3

結婚する気がないことを親戚に言えない

家族／親戚

実家の両親や親戚に、独身でいることについて責められます。私は32歳ですが、最近は帰省するたびに、親や親戚から「まだ結婚はしないのか？　いい人はいないのか？」と詰め寄られて困っています。私には結婚願望がありません。仕事もして、仲のいい友達もいるので、今の生活に満足しています。どう伝えれば、納得してもらえるのでしょうか。

A

アナタに知っておいてほしいのは、

自分が感じていることを伝えるのに、相手を納得させる必要はない

ということなのよ。

アナタがどう思ってどう感じるかということは、アナタの勝手なんです。

だから言いたいことはそのまま伝えていい。

その上でどうするかという話をすればいいわけなんです。

アテクシはゲイで、母親にはカミングアウトしていましたが、父親にはしていませんでした。そのため、父親はしょっちゅうアテクシに、

「本当は、いい彼女とかいるんだろ？」

「あと結婚して孫さえ見せてくれたらなあ」

などと何度も言ってきました。勝手に縁談も持ってきたこともありました。

ゲイであることを伝えるのは、大変デリケートな問題なので、すぐ伝えるわけにはいきませんでしたが、彼女を作る気も、結婚する気もないことは確かでした。

だから、

「僕には今、彼女は必要ない」

「結婚したいとは思っていない」

ということはしょっちゅう口にしていたわ。

そう言っておかないと、余計な期待をさせてしまうし、言いたいことをしっかり伝えないことで、お見合いとか組まれてしまっても困るからよ（結局、それでも勝手に組まれていたわけですが）。当然、そう言うと、

「なぜだ？」

と聞かれることもあるわけだけど、

「今の生活で満足しているし、結婚する気がないから」

と言うしかないわけです。結局、言いたいことをちゃんと言わないと、相手は、

「ああ、結婚したくないわけじゃないんだ」

と都合のいいように考えて、自分の意図しない方向に物事が進んでしまうのよね。

ことが大きくなれば、余計断りにくくなる。でも人間、**断りにくいからといって、受け入れられないものは受け入れられないんですよ**

そこで、耐え切れずにＮＯと言うと、自分も相手も、大きなダメージになる。

そして、

「なぜ早く言わなかったんだ。振り回された」

って、自分が攻撃されてしまうのよね。面白いことに、振り回しているのは相手なのに、結果として自分が相手を振り回したことになっちゃうんですよ。

言いたいことを言わないって、そういうことなのよね

相手を納得させたいっていっても、それは無理なんです。

アナタは結婚したくない。親は結婚してほしい。それは永遠に平行線だから。

相手に納得してほしいというアナタの優しさは、

言いたいことを伝えたあとで発揮すればいいのよ

まず明白にNOを伝えた上で、自分の気持ちについてゆっくり説明すればいい。

そして、親の気持ちも聞けばいい。

でも思ってもいないことを妥協してはいけません

自分に嘘をついてはいけません

それでいいのよ。

Q 4

弱音を吐けない

仕事

新入社員の私は、学生時代から、しっかりしていて努力家だとよく言われてきたせいか、今も、自然と同期のリーダー役のようになっていきました。学生時代の友人にも、弱音を吐いて心配をかけるのが嫌で、仕事での楽しいことや前向きなことばかりを話しているけれど、実際は違うんです。ダメな奴だと思われたくなくて、自宅に帰っては「一人反省会&ミスを減らす方法を考えて、練習する」の毎日。でも最近、「誰もわかってくれない。誰も助けてくれない」と、取り残された感じがします。

A

今回のケースは「弱みを見せられない」という問題ね。

弱みを見せられない人は、端から見ると「しっかり者で、なんでもうまくできる人」だと思われています。

何も困ってなさそうに見えるから、よほどのことがなければ心配されない。

それどころか、周りの「弱みを見せることが得意」な人から相談されたり、甘えられたりするということもあるでしょう。

でもアナタが本当は弱音を吐けず、一人で頑張っていることに、みんなは気がついているんじゃないかしらね。

ミスをしないように一人で反省する、練習する。

ネガティブなことを考えても言わず、前向きなことを言うようにする。

きっとそうなんだろうなと周りは察していて、でもそんなことなかなかできないから「すごいね」って言っているんじゃないかしらね。

だから孤独なんてことはちっともないと思うのよ。

むしろアナタの場合は、

「自己肯定感の低さ」

のほうが問題なのかもしれないわ。

ダメなやつなんてことは全然ないし、助けを求めればきっと助けに来てくれるわ。

だって周りはアナタに応援づけられているんですもの。

どちらかというと、「何かあっても誰も来てくれなかったらどうしよう」「ネガティブなところを出して嫌われたらどうしよう」という恐怖から「自分は孤独だ」と思わされているのよ。**一番いいのは、自分の軸で考えられるようにすること。**

つまり、「他人からどう思われるか」ではなく、自分がやりたいことや考えていることを中心に動くことが大切なのよ。

でも、いきなりこんなふうに切り替えることはなかなか難しいから、次のようなことからはじめてみたらどうかしらね。

コツ1 ● 自分の悩んでいる過程も伝える

1つ目のコツは、誰かに自分の話を伝えるときに「いいことだけ」を伝えないようにする方法よ。

「本当は一人でいろいろ練習もやって、失敗しないように反省会もして、準備してやってきてるのよ。決して器用じゃないの」

こんな感じに、「悩んでいる過程も伝えた上で今があるんだ」と相手に伝えてみたらどうかしら？

話に深みこそ出るものの、「ダメな奴」なんて思われることはないはずよ。

だってあなたは、

結果を出している

わけなんですから。

綺麗に結論までまとめれば、途中の挫折や苦労も表現できるんじゃない？

こういう言い方で、安心してネガティブな部分を見せられるようにすることも大事だと思うわ。

コツ2 ● 少しでも話しやすそうな人を一人は確保する

誰にも弱みを見せられないといっても、少しは話を聞いてくれそうな信頼できる人、いるんじゃないかしらね？

もちろん何もかも明かす必要はないけれど、「話しやすそうな人に、話しやすそう

なことから自分の情報を開示していく」って大切な練習よ。

自分が苦手な食材とか、好きなタイプの異性や同性とか、もうどんな内容でもいいから、ちょっとずつ言うのよ。もしどうしても抵抗感があったら、会社の中ではなく、家族とか学生時代の友人とか、そういうところからでもいいと思うのよ。

Q5

不安や妄想をぶつけてもいいのか迷う

パートナー

お付き合いしている人がいます。浮気をしているんじゃないか、まだ元カノと会っているんじゃないかと不安になり、いつもぶつけてしまいます。自分に自信がありません。勝手な妄想でも伝えてもいいんでしょうか？

A

言いたいことは伝えるべきだけど、根拠のないことで相手をとがめることはしてはいけないわ。これは相手を傷つけ、関係性を壊すだけだからです。

こういう場合は、基本に立ち返って、
相手の気持ちになって考える
ことを優先させてみましょう。
基本は「言いたいことは伝えるけど、相手の気持ちは考える」。
これはどういうことかというと、
相手がどうすればいいのか、念頭に置いてから伝える
ということなのよね。
たとえば何もやましいことはしていないのに、「浮気しているんじゃないの？」と言われても、相手はどうしようもないわけです。
そこで、言われた相手がどうしたらいいのか考えてみる。
こうして視点を転換させると、あることに気がつくと思います。
つまり、言いたいことを言うのは、解決策を見いだすためということ。
そう、言いたいことを言うのって、ワガママでもなんでもない。
自分と相手のためなんです。

よりよい解決方法を探るために、自分の気持ちを伝える。

でも、何も言わないと何も解決されないからモヤモヤする。

解決させるつもりがなく、相手を責めるために言うと、相手がモヤモヤする。

この「言いたいことを言うための基本のコンセプト」を忘れてはいけないのよ。

で、今回のケースについて考えてみると、解決策を出すためには、自分がなぜ浮気を疑ってしまうのか、もうちょっと考えてみるといいと思います。

たとえば、

- LINEが突然つながらない時間がある
- 相手の連絡頻度と、自分が期待する連絡頻度が違う
- 異性の友達と時々遊びに行くことがある
- 自分と会う時間が少ない

などなど。このあたりが明確化すれば、解決策も見えてくるわけ。

LINEが突然つながらない時間がある

←しばらくつながらないのなら、理由と時間を前もって一言、言ってもらう

相手の連絡頻度と、自分が期待する連絡頻度が違う
←LINEや電話の頻度についてルールを設ける

異性の友達と時々遊びに行くことがある
←異性の友達と2人で遊びに行かないようにするか、事前に確認してもらう

自分と会う時間が少ない
←週に一度は会うなどルールを作ってもらう

結局、浮気を疑ってしまうのは、浮気を疑わせるような言動があるわけで、それを明確化して妥協案を作るというのが一番なのよ。

Q

6 店員さんに言うべきことを伝えられない

自分

レストランで店員がワインをこぼして、友人の服が汚れてしまいました。「帰るだけだしいいか」と、友人が「大丈夫です」と言ったら、店員さんは一言謝ってすませようとしたのですが、もう一人の友人が、「これじゃあ困るので、なんとかしてください」と毅然と伝えて、クリーニング代を用意してもらったそうです。服が汚れた友人は彼女にとても感謝していました。私も彼女みたいに言えたらいいけれど、なかなか言えません。

A

こういうケースで大切なのは、

クレームを言うかどうかを判断するための軸を作ること。

つまり、「自分がクレームを伝えることに正当性がある」と自信を持つことです。

クレームを伝えて対応してもらうには、それなりのエネルギーと時間が取られるので、それに見合う行為かどうかを考えたほうがいいと思うのよね。

「このケースはしっかり対応してもらうまで言う」という自分軸を作っておくということもあります。

このときに考える要素としては、

1　起きた被害と相手の対応が十分かどうか
2　相手に悪気があったかどうか
3　普段のサービスはどうなのか

でしょうね。

たとえば、1を考えてみましょう。

ちょっと水がかかっただけでクリーニング代まで払ってもらうのはやりすぎだと思

うわね。今回のように、服がワインで台無しになったのなら、謝るだけでは不十分。

まず、毅然と言うべきかどうかを天秤にかけてみる必要があると思うわ。

次に2を考えてみましょう。

たとえば、明らかに相手が悪いのに、非を認めず、誤魔化そうとする態度があったのなら、言えるだけのことを言ったほうがいいでしょう。

ただ、全く態度を変えずに逆にこちらを厄介者扱いするケースだって考えられます。その場合は、

こんな連中にはなるべく関わらないのが吉
二度と来ないほうが得策

という判断だってあると思うのよね。

3については、たとえば料理に髪の毛がちょっと入っていた場合。

普段から真面目でしっかりやっているお店で、自分が許せる程度ならアテクシは何も言いません。どれだけ気を使ってもそういうことは起きるから。

そういう店で指摘したら、大変恐縮して、一から作り直すだろうことはわかってい

るから、あえて言わないこともある。

でも、料理を運んでくるのが遅かったり、挨拶もできなかったり、オーダーを間違えたり、基本的に全然できていないお店でそういうことがあったら、アテクシはきっぱりと伝えると思います。

ではどうしたらクレームへの軸が作れるか考えてみましょう。

まず、普段からいろんなケースを頭の中でシュミレーションしておくこと。

それができていると、何か起きたときに、

こうしよう

という方針がすぐに出てくるわ。何か起きてから店を出るまでの時間はわずかだから、「どうしようどうしよう」なんて思っていたら、お会計して店を出ることになって、あとでモヤモヤするに決まっているのよ。

自分で方針が決まったら、次にロールプレイングしておくのもいいでしょう。

実際にこうしようと思っても、クレーム案件は突然に発生するから、思った通りに対応できないということも十分に考えられるもの。

シナリオを作って、「こういうときはこう。こういうときはこう」とノートやメモに書いておくのもいいわね。たとえば、

「店の雰囲気が悪くて、想像通り問題が起きた場合は、関わらないほうがいいのでさっさと店を出る」

「お会計が間違っていたときは、正す」

「対応には期待せず、起きた問題だけは指摘する」

こんな感じね。

「たかだかクレームのつけ方でここまでやらなくていいんじゃない」って思うかもしれないけど、苦手なことをクリアするには、

自分なりのマニュアル

を作って自動化するようにしておくのは基本なのよ。

これをすることによって、クレーム以外の場所でも応用できるようになるから、決して無駄にはならないわ。

自分なりのマニュアルを作る方法は、コミュニケーションの苦手な人がコミュニ

ケーションを取りやすくするときにも使える方法よ。

Q 7

家族に言いたいことが言えない

家族／親戚

昔から父は不機嫌になるとすぐにキレて、母はため息をつきます。それを見てきたので、自分のしたいことや家族の協力が必要なことを言いづらくて、実家を出たいことも、海外旅行をしたいことも言い出せません。

A

大事なことは基本的に相談するべきだと思うわ。だから、話せるのなら今まで書いてきたようなテクニックを駆使して言ったほうがいい。

でもね、親子や家族の問題って、生まれてからずっと続くものなのだから、なかなかその殻を打ち破るのも大変かもしれないわ。

なので、ここではちょっと違った観点からお話をさせていただこうと思います。

言いたいことを言えない、でも切ることのできない関係なら、最終的には何も言わず行動しちゃえばいい

海外へも行っちゃえばいいし、実家だって何も言わず出ちゃえばいいじゃない。家を出て、距離を置いて、やっぱり言うべきだと思ったら電話や何かで言えばいいんだと思います。

やっぱりね、四六時中そこにいると、言いたいことが言いにくいものなのよ。特に相手がキレてしまう場合はね。

逃げる場所がないから、相手が不機嫌になると居心地が悪くなる。だから、言いたいことを言うより、その場を収めることを優先させるわけです。この場合は、行動して距離を取ってから、言いたいことを言えばいい。

相手が不機嫌になったりキレたとしても、そこにはいないわけですから、電話を切ればいいことだものね。最後の砦は、何も言わずに行動する。

それでいいんだと思えば気がラクだと思うわよ。

そして、行動することに、あまり躊躇する必要はありません。

相手は当然、何も言わなかったアナタをなじると思います。

そして、それが想像できるから、余計動けなくなるんだと思います。


でもね、自分の意見を伝えることはアナタの権利なのよ。

それを言いづらくした相手が悪いのよ。

それくらいの気持ちでいいと思うわ。

Q 8

問題点を他人に指摘できない

仕事／友人

たとえば、友達から嫌なことをされたとき、大事な質問があるときや、苦手な環境にいるとき、給与交渉をしたいときなど、勇気が必要な場面で他人に意見を言うのが怖いです。

こういうとき、揉めごとが怖いので、都合のいい人を演じています。

でも、思っていることを言わないでいると、自分を押し殺す状態になって、そのせいでさらにエネルギーを消耗してしまいます。そうしている間にも、相手は、こちらのことを全くわかってくれなくて疑問が残ります。

A

まず、大原則として、

問題点は相手にはっきり言わないと伝わらないし、言っても完全には伝わらないことも多いということ。

なぜかというと、問題だと認識しているのなら、問題となる行動を取らないはずなのよね。

それを問題だと思っていないか、大した問題だと思っていないからやるのよ。

だからはっきり言わないとわかってなんかくれないの。そして、言ったとしても「うるせえなあ」くらいの認識にしかならないことが多いのよ。

ではどうすればいいかというと、

1 間髪置かずに言う

2 自分の行動を変える

この2つが基本のパターンとなっていきます。


まず、1について説明するわね。最初はやはり言葉で伝える必要があります。

ただこの際に間髪置かず、すぐに言うことがとても大切なの。

なぜかというと、人間は時間が経つと記憶が薄れていくから。

あるいは、都合のいいように記憶を書き換えていくから。

だから嫌なことがあったら、直後に言わないと相手は言動を認識できないのよ。

「あのとき、こう言ったよね？」

「え、言ったっけ？」

こんな感じになると指摘する意味がなくなるわけです。

また言うほうも時間をかけてため込むと、「大丈夫かなあ？　気を悪くしないかなあ」とモヤモヤして悪いほうに考えて言いだしづらくなる。

この2つの点から、間髪入れず言うことが大変重要なのよ。

2は、言葉を使わず、自分の行動でストレスを減らしていく方法ね。

嫌なことをする友人とはつるまない。

嫌いな環境に身を置くのはやめて、自分が納得いく環境に変える。

言いたいことを言えない相手や環境は、そもそも自分に合っていないという発想で動くということです。

言いたいことが言えない人って、周囲の人間や環境を固定した前提で「自分が言いたいことが言えないから悪い」と考える傾向にあるのよね。

でもそれは半分間違っていて、相手や環境が「言いたいことを言わせない雰囲気」を持っているからかもしれないということなのよ。

たとえば、相手が聞く耳を持たない人なら、「言っても仕方ないだろう」と思うから言わないわよね。

また、言いたいことを言うと嫌そうな顔をする人なら、疲れるから言わないわよね。だから言いやすい環境を作る行動も大切と言うことです。

CASE 2

嫌われると思い込んで言えない

さて、CASE2は「嫌われると思い込んで言えない」です。

この場合のポイントは、「相手に嫌われるかもしれない」というのはただの畏れにすぎないということ。

つまり、現実には起きていないし、起きるかどうかも怪しいことを仮定して動けなくなっているのよね。

こういう場合、根本的には「開き直る」のが一番大切です。

つまり「言いたいことを言った程度で嫌われる相手には、いずれは嫌われる」ということ。そんな人間関係は、アナタにとって重要な関係ではないと思うのよ。

では具体的に見ていきましょう。

Q 9

疎外されている気がする

仕事

今の仕事は電話の取り次ぎと備品の手配くらいでほかに何もありません。一応、毎朝社内の全員に「手伝えることがあれば声をかけてください」と伝えていますが、「わかりました」とだけ言うものの、ほとんど仕事はありません。たまにコピーやファイリングや片付けの仕事があっても、1時間程度で終わってしまいます。ほかのみんなは本当に忙しいようで、ほとんど全員残業をしているみたいです。最近は仕事だけでなく、仕事の合間の雑談でさえ、仲間はずれにされているようで、毎日が苦痛で耐えられません。

A

これは言いたいことを言おうにも、その相手がいないという状態よね。発想を変えて、「この職場に仲間はいない」と割り切ってもいいんじゃないかしらね？　アナタのように業務が少ない人がほかにいないわけでしょ。その場にいる忙しそうな人は業務が違うわけだから、それはそれでいいじゃない。

むしろ「やることがなくてお得だな」くらいに思っておくのがいいんじゃないかしら？ 言いたいことがあるのに言えないストレスではないわよ。

無理に言いたいことを言う必要はない
という考え方もありだと思うわ。

「意思疎通を図らなきゃ」と思いすぎて自分を追い込みすぎていないかしら？

Q 10 相手に合わせることが普通になってしまっている

パートナー

彼氏が「大した内容ではないのにLINEするのは嫌だ」と言っていたけれど、私は毎日やり取りがしたいです。でも言えなくて我慢ばかり。連絡がないと、彼から大事にされていないように思って、不安が溜まる一方です。

A

恋愛って、

価値観の合わないことにどう折り合いをつけるか

ということでもあるわよね。

でも折り合いがつけられることばかりではない。今回のアナタの相談もそうよね。

彼氏は「毎日LINEをしたくない」

アナタは「毎日LINEをしたい」

なので、どちらかが我慢をすることになります。

もちろん我慢をしているうちに相手のやり方に慣れるということもあるけど、アテクシはこの方法はおすすめしないわ。

なぜなら、自分が相手のやり方に慣らすということは、

いつも相手に合わせるのが当たり前

になってしまうからです。

アテクシがおすすめするのは、「相手も我慢しない」「自分も我慢しない」というやり方でいくことです。

たとえば、「私は好きなタイミングでLINEするけど、アナタは好きなタイミングで返せばいいから」と言っておくのよ。

Q 11

相手が不機嫌になるから先延ばしにしてしまう

パートナー

取引先の食事会をセッティングしたのですが、付き合っている彼女に「今日は飲みに行く」と伝えていません。もし言ったら、彼女から「なんでそんなに飲みに行く必要があるの?」と責められることがわかっているからです。食事会は1ヶ月前に決まっていましたが、結局当日伝えても、彼女から「なんでもっと早く言わないの!」と怒鳴られるのも想像がつきます。心の中では「怒鳴るから言えないんだよ」と思っているけれど、そんなことを言ったら、さらに怒りが収まらなくなるような気がして……。自分は本当に「言いたいことがその場で言えなくてダメだな」と苦しくなります。

A

これは36ページのレッスン5を思いだしてほしいわ。残念ながら彼女さんは「近づかないほうがいい人」の代表「キレる人」に該当するわね。

究極的には近づかないのが一番いいのよ。

なぜなら、アナタが今困惑しているように、**キレる人とは話し合いができない**からなの。話し合いができないと、言いたいことが言えない状態が続き、関係が悪くなる。アナタが我慢したとしても、いたずらに時間を稼いでいるにすぎないわ。

よくよく考えてごらんなさい、アナタは仕事の飲み会を伝えるべきかどうか、**1ヶ月もストレスをためた挙句、喧嘩になっているわ。**

1ヶ月間、彼女の機嫌を損ねるかどうかにアナタのエネルギーが注がれているのよ。しかも、**アナタは何も悪くないのに**

根本的に、なんのために彼女と一緒にいるのか、考えたほうがいいと思うわ。

不機嫌になりやすい彼女にしたところで、結局アナタと喧嘩しているわけで、彼女にとっても別にいいことは何もないのよね。

とはいえ、いきなり彼女との関係をどうするか考えてもしょうがないから、次善の策を考えましょう。それは、

心理的距離をあける

ということよ。彼女は些細なことで、不機嫌になってもいいと思っている。

これは、心理的距離が近すぎて、アナタに甘えているということなのよね。

おそらく、彼女もアナタと知人という関係くらいであれば、そんなことでは怒鳴ったりしないと思うのよ。

なので、「ちょっと彼女との距離感をあける」という方法を取りましょう。

距離をあけながら、好ましい関係性を示すというテクニックが有効よ。

次のステップを踏みましょう。

ステップ1 ● 相手が冷静なときに、二人のルールを示す

まず、大切なのは怒鳴っているときではなく、機嫌のいいときに二人のルールを示

すこと。ここで言うルールは、

「怒鳴らないこと」

です。ルールは何度も提示することが大事で、相手がちゃんと聞いてくれそうならば、できれば文章にしてわかりやすいところに貼っておくなどしたほうがいいかもしれないわね。LINEなどでやりとりしてもいいわ。


ステップ2●自分の気持ちを、うまく伝える

ルールを示すときに、「アナタが悪いから直せ」というメッセージを直接伝えることはおすすめしません。これは先ほども述べたように、
ユーメッセージ
になるからよ。「アナタが悪い」と決めつけてしまっているので、（仮に相手に非があるとしても）うまく関係性が作れないのよ。
大切なことは、誰が正しいかを決めることではなく、
お互いの関係性を心地いいものにすること！

なので、ここでも**アイメッセージ**を使います。
アイメッセージの基本は、自分の気持ちをベースにすることだとお話ししました。
アナタが怒鳴るのが悪い（ユーメッセージ）
↓
アナタが怒鳴ると私は辛い（アイメッセージ）
となります。
さらにもう1つ、言い方の工夫を付け加えてみましょう。
それは、相手のことだけではなく、自分の非も認めることです。
これを言うことで、相手を責めているのではなく、お互いの関係を話し合っている
ことが明確化されるのよ。
言い方にもコツがあって、
自分の非も認めた上で、相手の困る行動を指摘する
というのがポイント。このとき「お前のほうが悪いだろ」とか考えちゃダメよ。
コミュニケーションとして、

より相手に冷静に考えてもらう

ことが大事だから。

今回のケースで言うと、「なんでもっと早く言わないの！」と彼女から言われるのに、当日に言うのはアナタの非。「怒鳴るから悪いんだ」と考え始めてしまうとなんにもならないから、そこは素直に謝る。

これらをまとめると、こんな言い方になると思います。

「また当日に言ってごめん。でも君が不機嫌になって怒鳴ると思って言いだせなかったんだ。話し合いはしたいけど、怒鳴られてしまうと何も言えなくて、僕は辛いよ。『二人で話すときは怒鳴らない』っていうルールにしよう」

ルールの明確化をしても、すぐに相手は行動を変えられるわけじゃないわ。

なので、「相手の行動によって自分の行動を変える」ということを徹底するのがいいわね。具体的には次のやり方があります。

● 相手が望ましくない行動を取ったら、必ず相手の好まない行動を取るこの場合だと、「彼女が怒鳴ったら自室に入る」「いったん家を出る」「相手にしない」などの行動が考えられるわね。いきなりこうするのではなく、「もし怒鳴ったら僕は一人になるから」と伝えておくのがいいでしょう。

また、大切なポイントとして、

望ましくない行動をしたら、必ずルール通りに行動する

ということ。

時々ルール通りにしなかったら、彼女の行動は変わらず、**怒鳴ったあとに、なあなあにしようとする関係性**になってしまいます。

すると二人の関係性が常に「駆け引き」になり、お互い疲れてしまうわ。

● 相手が望ましい行動を取ったら、相手が好む行動を取る

こちらの方法のほうが、あまりストレスなくできるでしょう。

いつも怒鳴りそうなところで怒鳴らずにすんだら、「ちゃんと我慢してくれてあり

がとう」と伝える。そうすると二人の間になごやかな雰囲気が流れるでしょう。「怒鳴らないほうがお互いにとって気持ちのいい時間が過ごせるな」と相手に学習してもらうのが大切なポイントです。

こういった方法を駆使して、少しずつ関係性をよくしていくのがいいと思うわ。行動を変えてもらうには根気がいるので、慌てずにね。「前よりちょっとよくなっているなあ」と思えればしめたものです。

Q 12 嫌われるのを恐れる性格を変えたい

自分

私の性格は「思ったことをすぐ口に出せない」「トゲのある言い方はしない」「人に対して嫌なことがあっても言えない」「常に愛想笑い」「自分から初対面の人に話しかけられない」「会話が続かない」「基本的に無口」と、常に嫌われることを恐れています。最近では、初対面でなくても自分から話しかけるのが怖くなってきました。こんな自分を変えたいです。

A

そうね、

「好かれる=言いたいことを言わない」ではありません。

今回はどういう人間が好かれるのか、どうしたら好かれるのかをテーマに考えていきたいと思います。まず好かれる前提条件として、

どんな人かがわからないと好かれない

というのがあります。これは人間以外のことで考えればわかりやすいと思うのよ。目の前に食べ物があって、味がわからないものを好きと思うかどうか。当然味がわからないものは、好きになりようがないのよ。

相手の考えていることがわからない、人となりがわからないというのは、味がわからないのと同じなの。好かれようがないのです。

そして、好かれるということは、

嫌われる可能性もあるということ

カレーが好きな人もいるし、カレーが嫌いな人もいる。味がわかる以上は、「この味、私は嫌い」という人がいることを受け入れなければいけないのよね。

誰かに好かれるということは、誰かに嫌われるということなのよ。

これは今までのアナタの生き方と真逆だから、もしかすると最初は怖いと思うかもしれないわね。でもそれは大丈夫。

なぜかというと、

自分の個性を好きでいてくれる人が一人でもいてくれたら、自分を嫌う人のことは気にならなくなるから

逆に自分の考えていることを伝えないと、どんどん窮屈になるし、自分のことを理解してもらえないから孤独感も生まれるのよ。

まず、この理屈を理解することが、自分を変える第一歩です。

ではどうやって変えていけばいいのかについて考えてみましょう。

1●一対一で会わない

一対一で人に会うと、相手が不機嫌になったり、無口になったりすれば、アナタの恐れている事態が起きてしまうわ。起きなかったとしても、「起きたらどうしよう」と思うだけでアナタの直したいことは変わらないままです。

これが三人だとどうかしら?

もう一人加わるだけで、アナタの言動がその場に与える影響が小さくなります。

ほかの二人がしゃべっていてくれれば自分が聞き役に徹することもできるわ。

その場にいる人数が増えれば増えるほど、「相手に嫌われるかも」という緊張感が減っていくと思います。

2●自分とウマが合う人を見つける

一対一で会わないようにしながら、いろんな会話に入るようにしてみて。

そうすると「自分とウマが合う人」というのがなんとなくわかるようになってくると思います。

コツは簡単で、「自分が心から同調できる話をする人を探す」こと。

あとは一緒にいても緊張感のない人ね。

SNSで知らない人に絡むときのイメージに近いかもしれないわ。

SNSで絡むとき、相手の投稿や、フォロワーとのやりとりを見ながら、「この人、共感できる話が多いな」とか「この人、必ずフォロワーに優しい返信をしていて、見ていて疲れないな」などと思うでしょ。こんな感じでいいのよ。

Q13 言いすぎだと指摘された

パートナー

私は、基本的に両親や兄弟に対して思ったことをなんでも言います。

たとえば、

「お父さん、服がダサいよ」

「お母さん、その話、前も聞いた」

「お兄ちゃん、タバコくさい」

などです。でも、家族以外であれば言いません。

私の家ではこれが普通ですが、夫の家では普通ではないそうです。

何か気づいても黙っているか、すごく遠回しに言うそうです。

「お父さん、気のせいかもしれないけど、少し白髪が増えたような……」

みたいに。夫からは「家族でも、相手のプライドを傷つけるから、ストレートに言うべきではない」と注意されました。私が間違っているんですか？

A

これは文化の違いなのよね。

家族ごとでも違うでしょうし、国や地域でも違うでしょう。アナタと旦那さんの間に起きているのは、違う文化圏だからだと考えたほうがいいわ。

違う文化がぶつかったから問題が生じているということなのよね。

異文化がぶつかったときに、どういう結果が起きるかというと、

1　相手の文化に飲まれる

2　相手の文化を飲み込む
3　新しい文化を作る
ということになります。

これはどちらかが柔軟に対応できるのなら、1や2でも構わないと思うのよね。

はっきり言いたいことを言う。相手に配慮しながら言う。

どちらも間違いではないのだから。

でも、一番生産的だと思うのは、3の「新しい文化を作る」ことだと思います。

だからアテクシのおすすめは3。パートナーシップって、二人の違う点をいかに一つにまとめあげるかということだと思うのよね。

アナタのケースでいえば、言いたいことをはっきり言ったほうがいいこともあるし、そうじゃないこともある。

努力すれば変えられるものならちゃんと指摘するとか、
充分努力していることについては思っても言わないとか、
すり合わせをしていくことが大切なんじゃないかしらね。

Q 14

心の開き方がわからない

自分

周りの人は、自分の意見や思いをちゃんと言葉にしていて、羨ましいです。私は、愛想笑いばかりして「へー、そうなんだ」としか言えません。自分の話なんてつまらないだろうし、いきなり悩みを話されても迷惑だろうと思って、本当に考えていることも伝えられません。周りの人たちとも距離が開いたまま、次第に疎遠になります。だから友人と呼べる人がいません。

A

他人と親密になる方法って、もちろんお互いの性格とかもあると思うけど、正しい方法でやれば、ある程度は距離が近づけられるものなの。

ステップ1 ● 何度も顔を見せる

人間は何度も顔を見ているうちに、相手を好ましく思うようになるものなのよ。

これは単純接触効果と言われ、ある程度実証されているものです。
なので、何度も顔を見せる。特に話を広げる必要はないわ。

ステップ2 ● 相手の話を聞く

何度も顔を合わせているうちに、相手が少しずつ自分のことを話すようになってくると思います。**ここで、ちゃんと聞いてあげることが大切。**

ステップ3 ● 自分の話を少しずつする

ここで、自分のことを話します。**できれば、聞かれたときにするのがいいし、相手が話した内容に応じた程度のことを話すのがいいわね。**

相手が家族構成を話していたら、自分も家族構成を話す。
いきなり借金で悩んでいるというような話に持っていかないということね。

こういった手順を踏んでいくのが親密になっていくお作法です。

で、アナタの場合、ステップ3あたりから、うまくいかなくなっているような気がするわね。多分、ステップ3で、意見を求められたらうまく話せないんだと思います。実はここにもお作法があって、意見を言うことに自信がなかったら、

同意と共感を示す

のが一番いいと思います。いきなりうまく話す必要はなく、相手の話を聞こう、寄り添おうとする気持ちがあれば、うまくいくものなのよ。

何か話されたときに、

「**へー、そうなんだ**」

ではちょっと共感が足りないのよ。たとえば、

「**そういう考え方もわかるわ**」

とか、同意ができないのなら、

「**私はこう考えるかな**」

などと言うことが大切ね。

大きく持論を展開する必要はなく、何か言われたときに自然に感じる気持ちを

ちょっと表現する。いかに自分の意見がないといっても、何かに対して何も気持ちがわいてこないということはないと思うわ。

それは話の内容を聞いていないか、何も考えていないかのどちらかなのよ。

あと、ステップ3だけど、実は必ずしも必要じゃないの。

ステップ2まででも充分に仲良くなることはできるわ。

上手に話せなくても、感じたものを伝えようとする姿勢があればいいのよ。

Q 15

変わった人だと思われるのが怖いので、黙っている

自分

周りの空気を読みすぎて、会話の中で何も言えません。

「こう言ったほうが無難だよね」と思って、反論も提案もできません。

A

ここは、「変な人だと思われてもいいことにしよう」って考えるのがいいかもしれな

いわね。

むしろ自分の個性を出していくくらいの勢いで。

やはり最終的には開き直らないと進んでいかないのよ。

いきなりそれが難しいのなら、自分で自分にノルマを課してみたらどうかしらね。

「相手に1つは提案する」とか。

まず言ってみること、そして次に引っ込めないこと。

そうするとだんだん気づくと思うのよ、「何も言わないより、少しは言ったほうが周りの反応がいい」ってことに。

会話というのは、相手の反応があって、自分も反応する。

そして、それに反応するということが絡み合って、面白い会話になっていくの。

何も反応を示さないよりは、個性的でもちゃんと言ったほうが場の雰囲気をよくするはずよ。

CASE 3

強く出る相手だと気持ちを押し殺してしまう

CASE3では「強く出る相手だと気持ちを押し殺してしまう」について見ていきましょう。

この場合、問題になってくるのは相手が自分より強いということです。

自分が相手より強くなれば根本的に解決するけど、それはすぐには無理だし、簡単なことではないわ。この点では喧嘩に似ているのよ。

でも、世の中、強い者だけが喧嘩に勝つわけではない。

頭を使ったり、変則的な技を使ったりすれば、強い者に勝つことはできるのよ。

まして、喧嘩ではなく「言いたいことを伝える」だけなんですから、喧嘩で勝つよりもっと容易です。

では具体的に見ていきましょう。

Q 16

我の強いパートナーに何も主張できない

パートナー

彼は、付き合っていたときから我が強く、入籍後も、私は言いたいことが言えないのが気になっていました。たとえばこんな感じです。

彼「新婚旅行は北海道か沖縄にしようよ」
私「えっ、私はカナダに行きたい」
彼「俺は英語が話せないから国内にしよう」
私「私も英語できないよ」
彼「俺がそうしたいんだから、そうしろよ！」
あるときは、
彼「新婚旅行代は俺が払うんだから、結婚式代はお前が出して」
私「えっ……、うん、わかった」
彼「出席する親戚の宿泊費もお願い」

私「う、うん、わかった」

すべてこんな調子で、圧を感じて、何も言えなくなってしまいます。

彼に言いたいことを言えるようになるにはどうしたらいいのでしょうか？

A

うーん、難しいわね。実は旦那さん、36ページで出てきたレッスン5の「近づかないほうがいい人」に見えるのよね。

自分の主張をしつこく入れてくるし、最後は反論すると逆切れしそうな雰囲気も出しているわよね。言いたいことが言えなくなって当たり前なくらいだわね。

とはいえ、大切な旦那さんですから、なんとかここから言いたいことを言える関係にもっていきましょう。ただ、こういう人なので、**かなり頑張る覚悟は必要よ。**

まず旦那さんで気になるのは、お金に関する自分の意見を、かなり強引に伝えてくることね。言いたいことが言えないとモヤモヤするんだけど、その中でもよりモヤモヤしやすいものとそうじゃないものがあるわ。

お金に関することは、納得していないと、あとでモヤモヤすることの筆頭格です

旦那さんだからわかりづらいんだけど、買い物にたとえてみるとよくわかるの。買い物で、あとから「この料金は含まれていませんので、○○円追加が必要になります」と言われたら嫌でしょ。

お金に関することは、一番最初に、本人が納得することが大切よね。

でも、個人的な関係だと、このあたりがなあなあになり、はっきり言えないほうが、したくない妥協をする羽目になるのよ。

でもお金に関することは、一番はっきりさせておくべきこと。

我の強い人は何においてもしつこいので、アナタが根負けしないように、まずは、

言いたいことを言うべきジャンルを限定させる

ことが大切なのね。つまり、「これだけは言いたいことが言えるようにしておきたい」と、優先順位をつけるということよ。

アナタの限られたエネルギーの使い方を効率よく配分させるということ。

アナタのお話を聞いた限りでは、一番優先すべき言いたいことは「お金に関すること」じゃないかと思うわ。ただ、これは、一度、自分でよく考えてみて。一番優先すべき言いたいことがわかったら、まずそれだけをしっかり言う。そして、言いたいことがわからないうちは、即答せず、よく考えてから意見を伝える。まずはこれに徹してちょうだい。

Q 17

いつも相手に押し切られている

パートナー

私の彼は、口が達者で、彼自身が有利になるように話を進めていきます。一方、私は、どちらかというと口下手。頭の中では言いたいことがあるのですが、うまく言葉にできません。喧嘩になっても私は黙って考えてしまい、彼は自分のしたことや態度を改めることはせず、必ず論破します。

たとえば私が「ここに行ってみたいな」と言うと、「俺はここに行きたい」

と言われ、毎回合わせてしまいます（たいてい私の家かネットカフェ）。せっかくのデートを楽しく過ごしたいし、言い争いをしたくないと思って、そのときは合わせます。後日、やっぱりモヤモヤして、「実はほかのところに行きたかった」と伝えると、「そのときに言ってよ。あとで言われるのは、しんどい」と言われ、私が謝れば角が立たないと思って、謝っています。どうすれば、彼を怒らせずに気持ちを伝えられますか？

A

このケース、Q16と同じで、別に彼氏の口が達者なわけじゃなくて、我が強いだけのように感じられるわね。

別に理屈とは関係なく、押し切られているだけじゃないかしら。

よーく考えてみなさい。

デート先が家かネットカフェって、アナタの気持ちをちゃんと考えているのかしらね。ネットカフェなんてデートじゃなくても一人で行けるところだし。

アナタが彼とうまくいかない理由はたった1つ。

彼氏を怒らせたくないということを優先しているからよ。

納得できないのなら、彼氏が怒っても構わないから伝えなきゃ。

というか、

アナタが怒るべきなのよ

そうしないとどうなるかというと、彼がどんどんワガママになっていきます。

で、ある日、限界が超えたところで、二人の関係が破綻する可能性もあるわ。

小さな我慢は決して誰のためにもなっていない。

じゃあどうしたらいいかというと、納得のいかないことはちゃんと言う。

いくら彼がしんどいと言っても、あとからでもいいので、その場で言えるのが一番だけど、言わないよりいい。

もし彼が「しんどい」と言ってきたら、こう言ってあげなさい。

「私もその場で言うのがしんどいの。でもやっぱりモヤモヤするから言うしかないの。次からちゃんと考えて」

と。それで関係が切れるようなら付き合わないほうがいい相手よ。

アナタが強く言えないことに彼がつけ込んでいるだけなの。

誰かと付き合うときは「絶対別れたくない」「相手を怒らせたくない」と思いすぎないこと。心の奥底に「これ以上話し合いにならないときは別れるしかない」という覚悟ラインを決めておくことが大切なのよ。

不思議なことに「いざというときは一人でもいいや」という覚悟を作っておくと、相手が優しくなったり、関係性がよくなることもあるわ。

また、

行動で言いたいことを言う

という方法もあるわ。これは自分の言いたいことを口にするのではなく、自分のやりたいことを行動で示すという方法でもあります。

たとえば、アナタたちの例を出してみるわね。

アナタ「今日は新しくできたフレンチに行ってみたいなあ」

彼氏「ちょっと疲れてるし、ネットカフェにしようか」

アナタ「私はネットカフェに行きたくないから、別行動にしようか」

こんな感じね。でもアナタとしては、

「こんなことを言ったら、だんだん会ってくれなくなるんじゃないか」

と不安を覚えるかもしれないわね。

でも、もしそうなら、彼はアナタのことを大事にしていないわ。

アナタが言いたいことを言うのが問題ではないのよ。

Q 18 無茶ぶりしてくる上司に無理だと言えない

仕事

上司から「部下を地方の手伝いに回してくれ」と言われ、「えー!? うちの部署は人手不足で切羽詰まっているのに」と思いながらも、「わかりました」と答えてしまいました。もし上司に意見して、上司を怒らせたら面倒なことになるのも想像がつきます。だから、「この人に何を言っても無駄か」と、部下に無理を押し付ける形になって、罪悪感を抱くことになります……。

A

言いたいことが言えないシチュエーションでも、仕事に関してはちょっと別枠で考える必要があるわね。

というのも、仕事は組織、指揮系統がはっきりしているから、それを変えることまではできないからよ。

とはいえ、仕事の改善のために必要なことなら、やはり伝える必要がある。

仕事とプライベートで異なる点というのはたった1つ。

仕事は気持ちを伝える場所ではない

ということなの。

もちろん伝えてはいけないわけじゃないけど、それがメインになるわけではない。ビジネスだから、気持ちを必ず伝える必要はないのよ。必要なのは、

仕事が円滑に進むこと

なのよ。逆に言うと、仕事を円滑に進めるために必要ならば、意見は堂々と伝えられるはずなのよ。

「〇〇だと、仕事がうまく回らないのでどうしたらいいでしょうか」

「仕事の改善のためには〇〇が必要だと思います」

と意見を淡々と伝えるようにすればいいと思うわ。

それをしても上司の対応が変わらなければ、その旨を部下に伝えて、いい対策を一緒に考えるようにしましょう。

もちろん、この通りに進めても、うまく意思疎通が図れない職場もあると思うわ。

その場合は、転職を検討することも一案でしょうね。

言いたいことを言うにしても、TPOがあるということなのよ。

Q 19

キレる人への対応がわからない

仕事

上司は意見するとキレるので、私から何を言っても無駄です。

上司「これをこうやってから、これやっといて」

部下「はい、わかりました。（もっと要領のいいやり方があるのに）」
なるべく自分の感情をコントロールして、上司を見て冷静に対応し、こういう態度に徹していました。でも私の友人は「そんなの社会人ではない。喧嘩になってでも自分の意見を言うものでしょ。間違っている」と言います。

A

まあ、会社というのは、基本は仕事ができればいい場所です。

なので、アナタがそこそこ仕事ができるというのならば、その対応でなんにも問題はないと思うわよ。

ここで何度も出てきていると思いますが、言いたいことを言うのはここぞというところだけでいいんです。

肝心なところで言いたいことが言えないと、大切な人間関係にヒビが入ったり、アナタの日常のストレスが大きくなってしまう。

逆に言うと、そういう可能性があるときだけ言えればいいとも言えるのよ。

不要な喧嘩をする必要はないと思うわ。

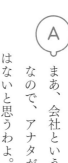

Q 20

できないことを「できない」と言えない

仕事

自分にはできそうもない仕事を振られたとき、なかなか「できない」と上司に言えません。今はリモート勤務なので、余計に相談もしづらいです。なかなか言えなくて、「なんでできないんだ」と怒られるのが怖く、ギリギリまで我慢して、体調を崩してしまいます……。

A

Q18と同様、仕事の場合は、お金をいただいているので、プライベートで「言いたいことが言えない」という話とはちょっと考え方を変えたほうがいいと思うわ。いくらできなくても、「できません」が言いづらいのは当たり前だし、好ましいわけでもないのよ。ただ、闇雲に無理難題を引き受ける必要もありません。

ここで大切な考え方は、

仕事の調整力を身に付ける

ということです。断るか、引き受けるかの二択ではなく、自分が会社に貢献できる範囲の仕事量を作るという考え方です。仕事を調整するには、次の方法があるわ。

方法1 ● いったん保留にする

まずYESともNOとも言わず、「いったん確認します」と預かる方法。

アナタがやるかやらないか選べる体裁になっているときに有効な方法ね。

方法2 ● いったん断ってから引き受ける

この方法は、いったん「ちょっと難しいかもしれませんが」などとネガティブに言っておいた上で、「でもなんとかやってみます」と引き受ける方法よ。

こう言っておくと、たいていの場合、「おお、悪いな。困ったら、なんでも聞いていいから」とちょっと助け舟を出してくれるかもしれないわ。

すると、自分の状況を相談しやすくもなると思います。

前半の「ちょっと難しいかもしれませんが」で相手をムッとさせて、怒られる前に自分でフォローを入れておくというやり方なの。

こうすると、相手は前半でアナタの評価や期待を下げてしまう。下がったところに自分でフォローを入れるので、アナタへの印象がよくなるというわけです。

方法3●仕事を細かく分割する

これは、引き受けるところで、仕事をまとめて受けるのではなく、自分で細分化して確認を取ってみる方法よ。たとえば、

「わかりました。このプロジェクトを引き受けます」

だと話が大きくて、アナタも重荷に感じるでしょう。

そこで自分で仕事をかみ砕いて確認を取るの。

「わかりました。ちょっとやってみます。まずは、プロジェクトの参加企業を確認すればいいですか?」

といった具合に。上手な上司なら、その辺の段取りはやってくれるんだけど、部下

に丸投げする人ってその工程を踏まないのよね。
だから、仕事を細かく自分でわけて上司に確認を取ってみるのよ。

Q 21

気の強い人に何も言えない

自分／友人

「あなたって、なんか暗いよね」「そんな小さいことで悩んでるの？」と昔、友人から言われたことを引きずっていて、気の強い相手に対して、意見を言いたくても何も言えなくなってしまいます。

A

こういう相手の場合、なぜアナタがストレスを感じるかというと、相手が、**ユーメッセージ**を使っているからなのね。アイメッセージを使う大切さについて、前に説明したけど、この場合は相手がユーメッセージを使っている。

アナタは〇〇だ

という言い方ね。

これだと、アナタは決めつけられた言い方になるからストレスに感じるというわけなのよ。こういう相手に対応する方法は2つね。

方法1 ● 気にせず言ってみる

相手に何を言われようが気にしないと決めた上で、言ってみるという方法です。

この場合、コツとしては、

この人は自分を傷つける発言をする人である

というレッテルを相手に貼っておくことです。

アナタが傷つけられているというより、こういう人は人を傷つける発言しかしないということなの。「どうせこういう人だから」と思っていれば、言いたいことも多少は言いやすくなるというものでしょう。

方法2 ● 気の強い人には何も言わないことにする

さて、もう1つの方法はコチラ。

アテクシはどっちかというとこちらがおすすめ。

相手はユーメッセージで話す癖が身についているので、何も期待をしないこと。

つまり、何も言わなくていいってことなの。

こういう人に何か言おうとしなくても、もっと話しやすい人はいるんだからね。

Q22 しつこい誘いを断れない 友人

ごはんや飲みにしつこく誘ってくる友人に、「今日は予定があるから行けないんだ」と答えると、「その予定、何時に終わるの?」と言います。

正直に伝えると、「じゃあ、夜ならいい?」と提案されるんです。

それで結局のところ、その友人と会うことになります。

「最近体調が悪いから、家でゆっくりしたいんだ。ごめんね」と言って、断り続けているのですが、共通の知り合いも多く、このままだと陰で悪口を言われたり、嫌な思いをするんじゃないかと思って、はっきり断れません。

A

今回はしつこい人の撃退方法について考えていきたいと思うわ。

まず、しつこい人には、次のような特徴があります。

特徴1 ● 相手の気持ちを察しない

普通は、「予定があるからごめんね」と言われれば、「ああ、行きたくないんだな」と理解します。また、行きたくないわけにせよ、「その日はバタバタしているんだろうな」とか相手の状況を想像します。

だからこそで、「いつ終わるの?」とまでは踏み込んでこないわけです。

最初に「相手は嫌がっている」と認識するからです。

基本的にしつこい人というのは、

相手が嫌がっていることを理解できない人

なのよ。相手が嫌がっていることを理解できていないから、遠回しに断っていても理解できずに誘ってきます。

特徴2 ● 自分の願望だけに忠実

しつこい人の特徴として、自分の願望に忠実ということもあげられるわね。
これはどういうことかというと、

自分が友達と遊びたい

という願望だけに目が向けられているということです。
相手にも願望があるということは気にしていないのです。
つまり言い方を考えると、大変自己中心的な人です。

特徴3 ● 我慢ができない

さらにしつこい人の特徴として、我慢ができないということがあげられます。

相手が嫌がっているかもということを察していても、我慢できずにしつこく聞いてしまうのです。**この場合は、抑制が効かない性質や性格を備えているということね。**

特徴4 ● しつこくすると「うまくいく」と学習している

実はこのポイントは大変重要です。しつこい人がしつこくなるのは、**相手がOKしなくても、何度も言っているうちにOKが出ると学習している**からなんです。つまり、誰にもしつこくしているわけじゃなくて、しつこくすれば自分の思う通りになる相手にだけしつこくなるんです。

しつこい人というのは、相手の問題ではなく、アナタの問題でもあるのよ。なぜなら、アナタがきっぱりと対応せず、自分の気持ちに反してOKしてしまうから。

しつこい人にとっては、一度でもOKが出たら、**何度も言えば、いつかはOKが出るかもしれない**と思って、どんどんしつこくなるわけです。

アナタが知らないうちに「しつこくするのは正解です」というメッセージを出して

しまっているというわけね。だから、一人しつこい人がいなくなったと思っても、またしつこい人が現れたりする。

場合によっては、周りの人間がしつこい人だらけになり、アナタはヨレヨレになってしまうかもしれません。

しつこい人というのはこれらの4つの特徴のどれか、もしくは複数を兼ね備えていることが多いの。では、それぞれのポイントから対策を考えてみるわね。

対策1●相手の気持ちを察しない人には

相手の気持ちを察しない人は、NOを明確に言うことが大切よ。

そして、ここに、**相手を傷つけないための言い訳を用意しない**ことが大変重要です。

アナタ「その日、予定があるから」

友人　「何の用事？　いつ終わるの？」
アナタ「ちょっと今日体調が悪くて」
友人　「じゃあ、家で飲む？」
アナタ「今、忙しくて」
友人　「じゃあ、暇な日はいつ？」

嫌がられていることに気づかないので、言い訳に食い込む可能性が大変高いです。

ここまでくると、どこかで根負けするか、自分が相手を傷つけないために言った言い訳が嘘だと言わされることになります。

こんなやりとりは全く生産性がないし、根負けして渋々この友達と遊んでも楽しくないし、相手のことが余計嫌いになるだけよ。

じゃあどう言えばいいかというと、40ページのレッスン7を思いだしてみて。

言いたいことを言うのが得意そうな人のコピーをしてみましょ。

高飛車な女王様にでもなりきってみて。

「今日は、ごはん行かないわ」

これだけでOKよ。議論の余地なしという雰囲気にしておきましょう。

それでも食い下がる人もいるだろうけど、ひたすら女王様でいくのよ。

友人　「なんで?」

↓

アナタ「気分じゃない」

アナタ「いや、今日は無理」

アナタ「まあいろいろね」

などなど。さて、もっとしつこい人の場合。

友人　「いつなら行けるの?」

↓

アナタ「行けるならこちらから連絡するね」

アナタ「わからないなー」

これくらいでよろしいのよ。
でも、遠慮なく断ると、自分の印象が悪くなるかもって思うかもしれないけど、
しつこい人には嫌われたほうがマシよ。
しつこい人に好かれていいことある？
と考えてくださいね。

対策2 ● 自分の願望だけに忠実な人には

自分の願望しか考えない自己中心的な人は、「自分の願望＝相手の願望ではない」ということすら自覚できていません。

対策1の断り方でもしつこく食い下がってくることもあるでしょう。

時には「本当は自分と遊びたいはずだ」などと都合のいい解釈をすることすらあるのよ。こんなときは、もっとはっきりと、
アナタ「アナタとはごはんに行きませーん」

と断言してもいいでしょう。**相手がポカーンとするくらいでもいいのです。**

対策3 ● 我慢ができない人には

我慢ができずに、思ったことを口にしてしまう人は、しばらくするとまた言うことが変わる可能性があるわ。

つまり、思いついたらその後のことを考えず、誘ってしまっているのです。

こういう人の場合は、時間稼ぎが有効です。

「その日行けるか、すぐ返事できないな。あとでまた聞いてくれる？」

こうすると、ほとんどの確率で、あとから確認しには来ません。

我慢できない人は思い付きを口にするので、しばらく経つと気持ちが変わって、

「なんか面倒くさいな。まあいいや」

となる可能性が高いからです。フットワークをあえて重くするわけね。

対策4 ● しつこくすると「うまくいく」と学習している人には

この原因は、アナタが「言いたいことが言えない」ということが理由です。

言いたいことが言えず、角が立たないように、相手を傷つけないように、隙のある受け答えや、優柔不断な態度を取ってしまっている。

実際、そこを突けば、アナタが折れることもあるので「即答してくれないけど、食い下がれば自分の望む結果が出る」と思わせてしまっているのよ。

解決策としては、「隙を作らない」「きっぱりとした答えを出し、答えを出したあとは何を言われてもOKしない」ということね。

ただ、言いたいことが言えない人というのは、相手との関係に気を取られるあまり、「自分がどう思っているのか」には意識がいきにくい可能性があります。

つまり、本当は嫌なのに、相手から誘われた直後は、自分の「NO」という気持ちを自覚しにくい。

あとから、つまり、たいていはOKを出してしまってから、自分が行きたくないということに気がついて、モヤモヤすることになるわけです。

こういうときはシンプルにルールを決めましょう。

- すぐに「行きたい！」と思えないときはNO

- 答えは明日返事する
- NOと言ったことは、相手が譲歩しようが交換条件を出そうが、必ず突き通す

いかがかしら？　友人でも恋人でも、しつこい人にはしつこい理由がある。その理由ごとに攻略していけばいいというわけなのよ。

Q23 NOと言えない性格が辛い　仕事

職場の先輩（同性）からごはんに誘われています。私は職場の人とプライベートで関わりたくないし、先輩は根掘り葉掘り聞いてくる性格で、苦手なタイプ。私は「行きます」とは明言していないのですが、先輩が「絶対行こうね！」と言っていたので、行くことになってしまいました。

「相手の機嫌を損ねて嫌われたらどうしよう」「仕事がやりづらくなったらど

うしよう」などと考え、こういう誘いはしぶしぶ行っているのですが、疲れるし、この性格を、いい加減なんとかしたいです。

A

NOと言えない問題って昔からあるわよね。
さまざまな方法があると思うけど、今回はこんな提案をしてみようと思います。
それは、

YESと言わないこと

やりたくないことにYESと言ってしまったからNOと言えなくて辛いわけで、まずYESと言わないようにすればいいんです。

やりたいことだけにYESと言う。

やりたいのかどうかわからないことにはYESと言わない。

本当にやりたいことだけにYESと言うように徹底するほうが、NOを頑張って言うよりラクだと思うのよね。実は今回、アナタの対応はそれができています。
行くとは名言していないわけだから、あとは最後までそれを通せばいいわ。

先輩　「今度飲みに行こうよ」
アナタ「行けたらいいですね」
先輩　「いつ飲みに行く？」
アナタ「今すぐはわからないです」
先輩　「今日飲みに行く？」
アナタ「今日は難しくて」

こんな感じに、NOとはっきり言わなくても、決してYESと言わない。
これを繰り返していくと、なんとなく相手にNOだと伝わるのよ。
なので、やりたくないことはYESと言わない。その練習から始めてみて。

Q 24 話を聞く気がない人への接し方がわからない

パートナー

私の彼は怒ったことに対して怒るような人なので、言いたいことなんてとても言えません。注意しているのに、屁理屈で返す人には何も話したいとは思えないんです。彼からは、「不満があったら言って」とよく言われていますが、「あなたに受け止める器がないから言えないの！」って思っています。

A

まあ、面と向かって「言いたいことを言うな」なんて人はいないわよね。**「お互い言いたいことを言える関係がいいよね」なんていうのは正論なんだから。**

実際に屁理屈を返して聞いてくれないくせに、「言いたいことは言って」なんて言う人はざらにいます。こういう人は最初に、

「言いたいことはちゃんと言ってね」

ということによって、相手に文句を言わせないようにしようという考えもあるのよね。だって、アナタが、

「言いたいことが言えない！」

って怒り出したら、

「僕は『言いたいことを言って』っていつも言ってるじゃん」

と反論できてしまうわけだから。
相手が受け止めないとしても、ひたすら何度でも言いたいことを言うしかないわよ。
それで文句を言ってきたら「『いつでも言いたいこと言って』って言うから言ってます」って反論することね。

Q 25

無意識にマウントを取ってくる人をスルーできない

友人

マウントを取ってくる友人がいます。つねに「自分は正しい」と思っているので、「あなたは恋愛下手すぎる。私なら彼と別れない」とか「あなたは仕事ができないんじゃない？　私は大企業に転職して収入も上がってるから、私だったらそんな仕事やめる」と言ってきます。何も言い返せません。

A

マウントを取ってくる人ってね、基本的にマウントを取りたいだけなのよね。

だから、正論かどうかは関係ないの。

とりあえず自分が上だと示したいって思っているだけなの。

だから、何をどう言っても、相手のマウント心に火をつけてしまうのよ。

こういう人は

相手にしない

ことによって、アナタの気持ちを示せばいいわ。具体的には、

全部自動的に認める

話を広げにいかない

この二点で大丈夫です。

「うん、そうだね」「そうかもね」

こうやっていれば、相手もつまんなくなって何も言わなくなるわよ。

嫌われるかもしれないけど、マウント取る相手なんて嫌われてもいいんです。

「相手にしない」というのも、立派にアナタの気持ちを伝えていますからね。

CASE 4

関係上、「我慢するのが大人」だと思っている

CASE4では「関係上、『我慢するのが大人』だと思っている」ということについて見ていきましょう。

この場合、大きな勘違いが根底にあるのよね。

実は「言いたいことを我慢するのが大人」なのではなく、「言っても仕方がない相手には何も言わないのが大人」だということに。

大人、つまり経験値の高い人が細かいことに目くじらを立てないのは、「立てても仕方がないときは流している」からなのよ。決して我慢しているわけじゃない。

無駄なエネルギーを使わないだけなんです。

では、どうしたらそれができるようになるのか見ていきましょうね。

Q 26

相手に合わせて、つい本音を隠してしまう

自分

私は「優しいね」とよく言われるけど、ただ我慢しているだけなんです。「ごめんね」と言われても、あとから面倒になりそうだから許すし、傷ついても「大丈夫」と言ってしまう。黙っているって毎回しんどくなります。

A

これは言いたいことが言えない人によくあるパターンね。相手の気分を害したくないので、心にもないことを言ってしまうし、言わざるを得ない。

こういう場合は、次のパターンにわけて考えるといいと思います。

パターン1 ● 今後も会いたい人の場合

今後も会って、密に関わっていきたいなと思う人の場合は、なんとかして自分の本心も伝えるべきだわ。そうしないと、その人に会うときに最低限の自分を見せられ

ず、一緒にいるのが疲れてしまうからよ。別の言い方をすると、
大事にしていきたいかどうか
で考えるべきです。大事にしていきたい人ほど本音はちゃんと伝えるべきなのね。
そして、伝え方ですが、
相手に配慮しながら言いたいことをはっきりと言う
という方法が一番いいわね。
たとえば、「ごめんね」と言われても許せないのなら、
「今度からこういうことはしないって約束してくれるなら、大丈夫よ」
と念押しをする。大丈夫じゃないのなら、
「やっぱりこういうことされると傷つくよ。次から気をつけてね」
という言い方にしてみたらいかがかしら。

パターン2 ● 今後は会いたくない人の場合

今後あまり関わり合いになりたくないなという人の場合、無理に自分の気持ちを伝

える必要はないわ。そういう人に、自分の本音を伝えたところで、アナタの心配するように機嫌を損ねるだけの可能性もあるでしょう。

言いたいことを言うにはエネルギーが必要ですから、こういうところで使うと疲れてしまうし、逆にモヤモヤする原因にもなるものよ。

言いたいことを言えなくてモヤモヤするのは、

言いたいことを言えないのが理由ではありません
伝えたい人に言いたいことを言えないからモヤモヤするのよ

Q 27

自分を貶めて、嫌なことを嫌と言えない

自分

「成人式の振袖はいいの?」と親に聞かれても、本当は着たいけど、お金がないのが気になって、「私、着物なんて似合わないからいいよ」と言ったり、親友と同じ人を好きになって、好きな人に告白されても「あなたは〇〇ちゃ

ん（親友の名前）のほうがお似合いだよ」と自分を押し込めてしまいます。
バイト先で許せないことがあっても、気にしないフリをして、本当は嫌なのに「まだ大丈夫」と我慢しています。

A

自分を貶めちゃう性格がどこから来ているかについてまず考えてみましょうか。
これは「防衛機制」の1つかもしれないとアテクシは考えています。
まず、この「防衛機制」について改めて説明するわね。
防衛機制というのは、もともと精神分析の用語から出てきた概念です。
人間の心は受け入れられない現実に直面すると、葛藤が生じます。
なんとかして、この現実と折り合いをつけなければいけません。
ただそのままの形で受け入れるということは困難なときがあります。
そんなときに自分の気持ちに嘘をついて対応することがある。
これを「防衛機制」というのね。
一番シンプルな形の防衛機制は「否認」です。

これは、否定することで現実と折り合う方法。

たとえば、手に入れられなかったものに対して「別にほしくない」と考える。

ほしい気持ちを否定することで現実と折り合いをつけるというわけね。

もうちょっと例を出していきましょうか。

たとえば「合理化」という防衛機制もあります。

これは、もっともらしい理由をつけて、受け入れられない現実を正当化すること。

イソップ童話の「すっぱいブドウ」などが有名ね。このお話では、手に入れられないブドウに対して、キツネが「あれはすっぱいブドウだから」と言う。

酸っぱいから手に入らなくてもいいという「合理化」をしているのね。

さて、アナタの自分を貶める言動は、防衛機制じゃないかとアテクシは考えています。たとえば、振袖の提案に対し「自分には似合わない」と言って避ける。

告白されても「ほかの人のほうが似合うよ」と言って避ける。

こうすることで、「似合わなかったからどうしよう」「付き合いがうまくいかなかったらどうしよう」という不安を避ける面があるんじゃないかと思うの。

アナタの抱えている根本的な悩みというのは、

失敗を極端に恐れる性格

から来ていると思うのよね。

では、どうしたらここから抜け出せるのかについて考えてみたいと思います。

まず、自分の何かを変えたいときは、理論と行動の両方から考えていくことがいいのよ。カウンセリングの代表的な方法でも認知行動療法というものがあり、考え方の歪みと行動パターンを変えることで物事を解決していきます。

まず、認識しておいたほうがいいこととして、

アナタが失敗を恐れるがあまり、逆にうまくいっていないという事実

があります。失敗を避けるために、何も始めないことで、アナタが納得しているのならそれでいいのだけど、現実としては、それで辛いと感じているわけ。

極端な言い方をすれば、

失敗したくないという思いが失敗につながっているのよ

まずこのことを受け入れましょう。

では、次にどうしたらいいか、ポイントを考えるわね。

ポイント1●機会があれば率先して失敗しにいく

これはいっそのこと、逆張りをするという方法。

自分が避けたいことはチャンスだと思って、逆に向かっていくのよ。

もう、失敗すること前提でいきます。

なぜかというと、失敗を恐れることで、経験値が上がらないから、そこから先の学びにならないのよ。

最初は失敗して当たり前。むしろそれが目的なんだと自分に言い聞かせていくくらいにしましょう。失敗をいいことだと思うの。

ポイント2●小さな失敗を重ねて成功体験をつかむ

失敗を恐れて身動きが取れなくなっている人は、たいていエスカレートしてささいな失敗も受け入れられなくなっているのよ。だから、

何もしないことが最大のリスクなのに動けない

という事態に陥っているわけです。こうなってしまうと、大きなことなんて何もできなくなるから、まずはささいなことから失敗しにいく。

失敗しにいくということは何かというと、

自分で決断する

ということです。

友達といて、「どこで食べる?」という話になったら、自分の意見を言う。出かけるときにあえて新しい服を着る。店員さんのおすすめとかを考えずに、自分の考えで商品を選ぶ。こんなところから始めていってください。

ポイント3 ● 失敗後のフォローをする

ここがとても大事なところ。失敗を「ああ、失敗した」で終らせると、嫌な体験が蓄積されるだけなのよ。そうするとまた失敗が怖くなってしまう。

だから、失敗を成功体験に変えなければいけません。

そのためには失敗後のフォローがとっても大切。

フォローには次の2通りの方法があります。

［方法1］失敗反省会を開く

「ここをもっとこうしたほうがよかったね」「今度はこうしよう」など、今回のことを振り返ってみて、次につなげるようにしましょう。

失敗体験が一番プラスになるのは、ここなのよね。

たとえば「こってりしたもののあとに、デザートビュッフェに行ったらちょっと重すぎたね」とか、「フリルのついた服は自分にはあまり合わないかも」とか「見た目で選んで、使い勝手がいまいちだった」とか、そんな感じね。

失敗から得られるものは必ずある

これはすごい特典なのよ。こうすることで、「失敗すると成長できる」という正のスパイラルが得られるというわけです。

反省会の内容をノートや日記に書きだすのもいいいと思うわ。

［方法2］他人の意見を聞く

失敗を恐れて何もできない人の特徴に、

自己評価がとても低い

というのがあるわ。自分の評価が低いので、大したことがなかったり、あるいはうまくいっているように思えるケースですら、「失敗した」と思い込む。

そうすると、自分的な「成功」はますます存在しないので、余計に「自分は失敗ばかり」という認識になってしまうのね。

こういうときは、シンプルに「私がミスしたとき、どう思った？」といろんな人に聞いてみるといいわ。

特にコミュニケーションの少ない人ほど、周りの意見を聞く機会がなくて、自分の基準がだいぶずれていたなんてこともよくある話。

世の中、答えは1つじゃないし、好みによって評価が真っ二つに分かれることなんていくらでもあるのよ。

Q

28

ワガママを言える人が羨ましい

自分

私は、子供のころから遠慮がちで、「あれしたい」「これしたい」とあまり言えなくて、今でも自分の思いを口に出すのが得意ではありません。周りの人たちを見て、自分の気持ちを素直に口に出せる人が羨ましいです。

その反面、「ちょっとは我慢してよ」とか思うし、そんな自分に「今の自分、すごい嫌な人間だな」とも思ったり……。自分も言いたいことを言えばいいのに、結局、我慢ばかりして、その繰り返しで、モヤモヤするんです。

A

まず理解しておいたほうがいいことがあるわ。それは、繰り返すけど、**言いたいことを言う＝ワガママではない、ということ**

相手の気持ちを考えず、自分の思う通りにしたらそれはワガママだけど、自分の言いたいことを言うのはワガママではないんです。

アナタはその2つが一緒になっているような感じを受けるわね。

それはなぜなのか、アテクシ考えてみました。アナタは、
相手が言ったことは、通してあげないといけないと考えてしまっているのよ。

相手のことを優先してしまうあまり、相手が発言したら、その通りにしてしまう。

だから「言いたいことを言う＝相手の思うようにする」になっちゃうのよ。

だからイラッとして、ワガママに感じるんだと思います。

「ちょっとは我慢してよ」って思うのは別に悪いことでもないし、嫌な人間でもないと思うのよ。それを本当はアナタが言えばいいんだと思います。

「**ちょっとは我慢して！**」

って。そんなことを言う人はいっぱいいるし、相手はシュンとなってちょっと静かになるだけ。別にアナタのことを悪く思うなんてことはないと思うわよ。

そして自分の要求を素直に口にする人って、意外と「自分の要求を通してもらって当たり前」なんて考えていないことが多いのよ。

素直に自分の思うことを言っているだけ。

否定されたら「しょうがないか」くらいに思っていることが多いんです。

ただ、こういう人が、アナタのように、
要求されたら嫌と言えず、受け入れてしまうような人と一緒に過ごすようになると、言いたいことを言う人が本当にワガママになってくるのよ。ここがとっても重要なポイント。

最初は、自分の要求を通してほしいと思っているわけじゃないけれど、毎回通してもらっているうちに、それが当たり前だと思ってしまうからなんです。こうなると本当にワガママになってしまい、アナタは余計言いたいことが言えなくなり、やがて関係性が破綻することも充分に考えられるわけ。

でも、こんな性格のアナタが言いたいことを言おうとしても、気が引けて言いにくいと思います。そして、相手の言ったこともNOと言いにくいでしょうね。

そこでアテクシの提案。

言い方を工夫する

ものすごく普通でごめんなさい。でも、とっても重要なことなのよね。

ではステップにわけて、見ていきましょう。

ステップ1 ● まずは相手の要求を聞く

相手が言いたいことを言う場合、イラッとしてもまず聞いておくといいわ。

ただ、受け入れちゃダメよ。言う機会も与えることで、アナタの「言う通りにしないと悪い気がする」という感覚を和らげる目的もあるわ。

聞き方の基本は「繰り返し」です。同じことをまず繰り返しておく。

たとえば、
相手 「私は、今日は肉が食べたい」

アナタ「そっか、〇〇さんは肉が食べたいのね」

こういう感じね。

ステップ2 ● 次に自分の要求を言う

最初に相手の要求を繰り返して言うことで、自分の言いたいことを言いやすくなるわ。たとえば、

アナタ「そっか、○○さんは肉が食べたいのね。私はラーメンかな」

相手の言いたいことを繰り返さないと、相手の言いたいことに「YES」か「NO」で答えなきゃいけなくなる。

「NO」が言いづらいから、我慢して心にもない「YES」を言う展開になりやすいのよね。

ステップ3 ● 話し合ってどうするか決める

アナタ「じゃあ、〆のラーメンがおいしい焼き肉屋にする？」

アナタ「今日は、肉はとても食べられないから、今回は別のものにしようか」

アナタ「今日はハンバーグにして、次はラーメンね」

ワンクッション置いたことで、話し合いがしやすい雰囲気になるのよ。

Q 29 上手な断り方がわからない

親戚

親戚が旅先のお土産をくれましたが、私の趣味に合わないものなので、「ありがとうございます。けど、いらないので受け取れません」と断りました。今思うと直球すぎたかと思います。これに対し、母は「相手があなたを思って買った時間とお金が無駄になる。断るのは失礼だし、それを平気で言えることも失礼」と言いました。ちゃんと断るにはどうしたらいいんでしょうか？

A

断り方って確かに面倒よね。
ただ、断るのはエネルギーがいるし、誰かとの関係性を崩す可能性があるわ。
だからどうしても断るべきことを断るようにするのがいいでしょう。
断るべき要件には次のものがあります。
1　断らないと自分が困る

2　断らないと相手に申し訳ない
3　断らないと相手の行動がエスカレートする
これらにどれだけ当てはまるのかを考えた上で、どうするのかを考えましょう。
断るにも次のような段階がありますす。断るか断らないかの二択ではないのよ。

レベル1●受け入れる

全面的に、断らず受け入れるという方法です。

レベル2●受け入れるけど、注釈をつける

まず受け入れるけど、気になる点や変えてほしい部分は伝えるという方法ね。

レベル3●断りたかったが、受け入れたと伝える

概ねNOだったけど、相手の事情も察して受け入れる場合です。
はっきりNOと言いたいけど、相手にあまり不愉快にさせない方法です。

レベル4 ● 謝ってから断る

断るのですが、相手に悪意がない場合に用います。

できれば、ただ謝るより理由を伝えたほうがいいわね。

レベル5 ● 全面的に拒否する

これは相手に気を使うというレベルではなく、「もう関わり合いになりたくない」というレベルの拒否です。

中途半端に断ると、いいように解釈される可能性のある相手に使います。

ざっとあげてみたけど、「断る・断らない」の間にこれくらいのレベルの差があるのよね。

今回のケースはどうかというと、いらないものなので、多少は困るかもしれないけど、エネルギーを使って断るほどではないと思うのよね。いらないものをもらって相手に申し訳ないかもしれないけど、毎回同じお土産をもらうわけじゃない。

そして、また似たようなお土産をもらうと困るけれど、どんどんエスカレートしていくようなものではない。

トータルとして、レベル1から2くらいでいいんじゃないかしらね。アナタが実際に取った行動はレベル4だったので、ちょっと違和感があったんだと思います。

具体的には、

「ありがとうございます。こんな素敵なものを！　○○にいらっしゃったんですね？食べ物とかも好きですよ～」

などと、会話の中でやんわりと自分の好みを伝えるくらいでいいと思うわね。

Q30 ネガティブな話ばかり止まらない人に困っている 親戚

旦那の叔母夫婦は、毎日のようにうちに来ては、身内の愚痴や、自分がいかに体調が悪いかを延々と話します。ずっと同じような内容の繰り返しです。体調が悪いと言っていますが、病院で見てもらっても病気は特になさそうです。こっちはいつも愚痴の聞き役で、断りづらいのでしんどいです。

A

相手が延々と同じ話を続けるとき、とっておきのテクニックがあるのよ。

アテクシも精神科医という仕事なので、患者様の話を聞くことが多いの。

でも、たくさんの患者様を診察しなければいけない現状の中で、あまり時間は割けないのよね。とはいえ、相手の話を途中でさえぎるのはやりづらい。

人間ってね、相手の話を10分聞こうが、30分聞こうが、**話している最中にさえぎられるとムッとする**ものなのよね。でも、相手が満足するまで聞いていてはキリがない。

そこで、アテクシが診察でも使っているマル秘テクをお教えしちゃいます。

それは自分が話すこと

一番最初から、アナタが話す。

だいたいこういう話をする人って、先に話しだすのよ。だから自分から話す。話す内容はポジティブなお話。他愛もないお話。なんでもいいわ。
自分が話すことで話の主導権を握るというテクニックです。
ちなみにアテクシの診察の場合は、診察に必要なことをアテクシから話し、最後に「ほかに気になることはありませんか？」と確認を取っています。
それでも話の流れを無視して、アナタが話しているのに話しだす人もいると思うわ。こういうときはやはり、

席を外す

というのが一番いいわね。

「あ、おばさん、ちょっとこれからやることあって、ごめんなさいね」

といってもう動きだすこと。これをやると、

「あの人は話を聞かない」

って言われる可能性があるけど、それでもいいでしょ。話を聞いてくれると思って延々と話されるくらいなら、ちょっと嫌われたほうがマシよ。

Q 31 姉と比べられてプレッシャーが苦しい

家族／自分

姉がエリート男性と結婚したので、親戚は私もエリート男性と結婚するものだと期待しています。結婚願望はありますが、相手のことまで言われたくありません。プレッシャーが苦しいのですが、どうしたらいいでしょうか？

A

アテクシもゲイをカミングアウトしていないうちは、なかなかプレッシャーがすごかったわね。さすがにカミングアウトしたら言われなくなったけど、それでもゲイだと知らない親戚からは結構言われるわ。

Q3にも書いたけど、一番いいのは、興味がないことは興味がないと言うこと。変な言い訳とか、思ってもいないことは言っちゃいけないわ。

それをやるとね、自己嫌悪に陥ったり、自分に自信がなくなったり、他人の顔色をうかがったりする癖がつきやすくなるのよ。特に結婚のような、

本人の意志で決めるべきこと

っていうのは、アナタが「その気がない」と言えば、周りも何も言えないわ。

しつこくても、ひたすら同じことを繰り返せばいい。コツとしては、

飄々と言うこと

結婚の圧力をかけてくる人というのは、お節介パワーが強い人たち。

お節介パワーの強い人って、すごくしつこいのよ。

なぜかというと、暇だから

しつこさに抵抗できるのは、「この人に何を言っても無駄よね」という頑固さ。

暇な人が、相手にする気がなくなることが大切なのよ。

相手がいくらしつこいからといって、ちょっとでも、

「少し考えてみます」

「いい感じの人がいるんです」

みたいな答えをしちゃダメなの。それをやると、

「私のおかげで、あの子の気持ちを変えさせることができたかも」

って変な報酬を与えてしまうのよ。

ちょっと妥協した受け答えをしたらあきらめてくれるんじゃなくて、次なる報酬（アナタのリアクション）を求めて、余計にしつこくなるんです。

だから何度言われても、

「姉のようなエリートには興味ないいんです」

を繰り返すこと。

でも、それを怒った顔や申し訳ない顔でやる必要はないわ。

笑顔でさらっと「興味がないいんです」と同じ反応をし続ける。

これが飄々とすることの極意なんです。

Q 32

オンラインやメールだと言いたいことが言えない　仕事

会議やミーティングのやりとりがオンラインになって、報連相がしにくくなりました。自分の話をするのも簡潔にしなきゃと思って、会社にいて顔を合わせていたときは言えていたはずの言いたいことが言えません。

A

最近はこういう事情の方って多いんじゃないかしら。

面と向かってさらっと言えばすむ話が、メールやオンラインになってしまうと面倒に感じる、言いづらく感じる。充分ありうることだと思います。

でも一方で、メールやオンラインのほうが言いやすい人もいると思うのよね。

何が違うかと言うと、情報処理の質が違うのと、向き不向きなんだと思います。

なので、自分に向いている情報処理の種類を理解した上で、使い分けるのが大切だと思うのよ。

環境が変化して慣れていないだけで、慣れればやりやすい面も出てくると思うの。

では、まず情報処理の向き不向きについて考えてみましょうね。

タイプ1　耳で聞いた情報を処理するのが得意

タイプ2　目で見た情報を処理するのが得意

この2つのタイプがあるのよ。

タイプ1は、電話や口頭で指示を受けるのが得意なタイプ。

こういう方はオンラインやウェブで指示を受けたり、指示を伝えることをメインとしたほうがいいでしょう。

メールの文章を作成するのに時間がかかったり、うまくまとまらないタイプね。

なので、機会を作って電話やオンラインで聞くようにすることが大切よ。

タイプ2は、耳で指示を受けながら処理するのが苦手なの。

だから、視覚情報を中心として上司とやりとりするのがいいと思うわ。

メールを活用したり、オンラインで聞いたことはいったんメモに起こしたりするなどの工夫をして、目で内容が確認できるようにするのがおすすめね。

新しい環境でうまくできない！

と思うより、新しい環境でどうやったら自分が仕事をしやすいのか工夫してみるのがいいと思うわ。

Q 33

黙っているのが大人の対応？

仕事／自分

私は、他人に自分のアイデアや工夫を真似されるのが苦手です。最近、周りに私の真似をする人がいて、その人との関わり方に悩んでいます。その人は、徐々にエスカレートして、次第に「自分が先だ！」と遠回しに主張するようになりました。大人の対応を取ろうと黙っているのですが、このことがストレスで体調不良を引き起こしてしまっています。

A

世の中には、黙っていたほうがいいことと声を上げたほうがいいことがあるわ。黙っていたほうがいいことというのは、声を上げても仕方のないこと。何も生産性のないことです。**この代表は、根拠のない噂や悪口ね。**こういうものは声を上げても、悪口の期間が延びるだけです。なぜなら周りはアナタが困る様子を期待しているから。

反応をすることによって、彼らに報酬を上げているようなものね。

一方で、声を上げないと自分が不利になることは、声を上げるべきです。

今回のアナタのケースは声を上げるべきことだと思うのよね。

何も口を挟まないと決め込まず、

声を上げるべきことなのか?


ということをいちいち考えてみてから発言することが大切なのよ。

では、声を上げるべきときの方法について考えてみます。

1 感情を交えず、事実を整理して言う
2 できれば根拠も提示する
3 当事者に言う

この3つが大きなポイントです。今回の場合だと、

「それは私のアイデアですよね」

とはっきり言う。そのとき、怒るわけではなく淡々と言うほうが効果的です。

そして自分のアイデア、たとえば企画書などを提示して、

「これ、私が○月○日に出した企画書だけど、アナタのとコンセプトは同じよね。アイデアを使うにしても、一言先に言ってほしいです」

とみんなの目の前で言ってしまう。

そうすると、よほどのことがなければ、相手は黙り込んじゃうと思うわ。

そしてさらに大切なポイントは、3の「当事者に言う」こと。

たとえば、本人のいないところで「あの子、私のパクリばかりしてるわ」などと言うのはよくありません。

それは悪口を言っているだけになるから、アナタの評価が落ちてしまうわ。

相手の非を指摘するときは、

自分に、明確に非がない状況を作っておく

というのがとても大切なのよ。これらのコツは給与の交渉などにも使えます。

上司や雇用主と関係ないところで「給料が安い」なんて言っていても、ただの愚痴になるだけだからね。

「私はこれだけのことをして、こんな役職にもついています。なのに、以前と給与が変わらないのは納得がいかないです。上げていただけないでしょうか」と当事者に言うことよ。

Q 34

リーダーなのに厳しく言えない

仕事

「チームのリーダーは、誰よりも優秀で、どんなときもメンバーを引っ張っていくもの」というイメージがあるのですが、私は「自分はリーダーの器ではない」「なんでも言い合えるチームの作り方がわからない」というのが悩みです。いつもほかの人に任せて、「それいいね」と言って、自分の意見を言わないことが多いです。あとから、「これでいいのかな」と悩みます。

A

リーダーシップというのは、いろんなパターンがあると思うのよね。大きくわけると次のタイプ。

1　リーダーがどんどん発言して周りを引っ張っていくタイプ
2　リーダーが緩衝材になって周りをまとめていくタイプ
3　1と2のミックスタイプ

それぞれについて考えてみましょう。

1の場合、リーダーがすべての方針を決め、トップダウンで伝えていく。

このタイプは、いわゆる「頼もしく強い」典型的なリーダーのイメージ。

ガンガン発言し、周りを引っ張っていくタイプの人に向いているわ。

ただ、これは言いたいことが言えない人には向いていない。

自分の信念がはっきりしていて、自信もあり、それに関しては何が起きても自分で責任を取ろうとするタイプの人間に向いていると思います。

メリットはスピーディーにことが進むこと。

デメリットは、周りに有無を言わせないリーダーの強さが必要なこと。

それがないと、周りが言うことを聞かなくなったりする可能性があるわね。

2の場合、リーダーはあまりいろいろ言わず、周りの人の意見を聞き、最終的に判断を示します。適材適所で、「このジャンルはこの人の意見を生かすほうがいいな」と周りを生かしていくタイプ。

このタイプはチームの和を優先させるので、リーダーは発言者ではなく、聞き役や調整役に回ることになります。

メリットは、それぞれの個性を生かしたチームになること。

デメリットは、意思決定が遅くなり、物事がなかなか決まらないことがあること。また、協調性のないメンバーがいると、振り回されること。

3の場合、これは普段は2のスタイルで、みんなの意見を聞きながら進めるけど、物事や状況によっては1を組み入れ、リーダーの鶴の一声で決める。

一番リーダーシップとしては理想ですが、一番リーダーに求められる資質が強い方法だと思います。「**普段は優しいけど、やるときはやる**」**というメリハリの効いてい**

る人には向いている方法ね。


一般的なリーダーのイメージは1だけど、実はそうでもないのよね。

アナタの謙虚さは2に向いていると思います。

2のタイプのリーダーシップで大切なことは、

いいと思わないことは肯定しないこと

よ。だからといって別に否定する必要もない。

いいと思ったことだけに反応し、アクションする。

思ってもいないことを肯定すると、それは周りからは媚びているように見え、チームがまとまらなくなるから。

それができるようになったら、今度は3を目指すといいでしょう。

普段からぐいぐいいく必要はないけれど、チームがピンチのときには、はっきり強く発言する。

これが一度でもできると、普段いくら優しくしていても、チームから一目置かれた存在になって、とてもよくまとまると思うの。
それができるようになるためには、
・こんなことが起きたら自分はスピーディーに早く動こう
というラインを設定しておくことが大切なのよ。
たとえば、
・チームの誰かが指示を聞かなくなったら動く
・誰かのワガママでチームに迷惑がかかったら動く
などね。

Q35 気になることを言うタイミングを逃している

パートナー

「5分遅刻」「10分遅刻」が多いパートナー。最初は、このくらい我慢しなきゃと思って黙っていたけど、度重なるのでどんどん気になるようになりました。でも言うタイミングを逃してしまい、言うべきか迷っています。

A

ええ、こんなもんはさっさと、何度でも言うに限ります。

タイミングなんて、遅れたときに言えばいいわよ。

遅刻するとアナタが毎回怒る、不機嫌になる。

つまり、「遅刻をすると相手に嫌なことが起きる」ということを学習させれば直りますから。

言っても直らないなら、置いていけぼりにするとか、家に帰るとかすればいいわ。

パートナーの遅刻がひどくなっているのは、アナタが何も言わないからなのよ。

遅刻しても許されると学習した結果なの。

だから、逆の学習をさせましょうね。

第 4 章

今日からラクに伝えるための ちょっとしたコツ

この章では、ここまでの内容をおさらいしながら、
「流されない」「合わせない」で、ハッキリ言うコツを紹介します。
人って、都合がいい解釈をしがちだから、
わかってもらうまで伝える必要があるんです！

アイメッセージをマスターしましょう

何度も出てきているけれど、またアイメッセージについておさらいしましょ。
言いたいことを伝える基本は、アイメッセージ。
これは、相手に意見を伝えるときに、

私は○○だと感じる

という言い方に徹する方法よ。

相手に自分の言いたいことを伝えてぎくしゃくするときは、たいていユーメッセージ、つまり、

アナタは○○だ

と伝えているからなのよ。
この言い方だと、主に2つの問題点があります。

1つは、
相手のことを決めつけている
という点。
「アナタはこうである」と決めつけている言い方なので、当然相手はムッとする。
相手がムッとしてうまくいかないと、「言いたいことを言うのは悪いことではないか」とアナタは余計に思っちゃうわよね。
でも言いたいことを言うのが問題ではなく、言い方の問題なのです。
もう1つの問題点は、
自分の言っていることは正しい
という前提になってしまっていること。
ユーメッセージでは、言うほうの価値観が絶対であるかのような印象になります。
簡単に言えば、上から目線ということ。
そんな言い方だと、たとえいいことを伝えても角が立つこともあります。

なので、アイメッセージマスターになることが大切よ。
では実際に練習してみましょう。

例：同僚のA子は真面目で仕事もよくできるが、言い方がとてもきつい。先日も仕事のスピードが遅い部下に「アナタはいつになったらできるわけ!?」と言っていた。A子にもうちょっと優しく言ったほうがいいんじゃないかと提案したいと思っている。

さて、これをユーメッセージで言うと、どうなるか。
アナタ「アナタの言い方はいつもきついわよ」
A子　「アナタの言い方もないと思うんだけど。私の勝手でしょ」
アナタ「………」
こんな感じで険悪になっちゃったわね。
では、アイメッセージにしてみましょうか。

アナタ「私、アナタの言い方はいつもきついと思うんだけど」
A子 「そんなことないわよ！　私の勝手でしょ」
アナタ「………」

あれっ、あんまり変わらないわね。実はこれ、アイメッセージになっていません。
「私は○○だと思う」という言い方では、ちょっとソフトに言い換えたくらいにしかならないのよ。**「私は○○だと感じる」という言い方にすることが大切ね。**

つまり、
相手の評価をするのではなく、自分がどう感じるか
という観点が大事なのよね。

ではそこまで踏まえてやってみましょ。

アナタ「私、アナタの言い方、ちょっと怖いと感じることがあるの」
A子 「そうなの？　ちょっときついかな？」

アナタの感じたことを伝えるのは、決して上から目線でも、決めつけでもないわ。
だからちょっと相手の心に届きやすくなるのよ。

意識して言いたいことを伝えること！

言いたいことが言えない人は、流れに任せていると、言いたいことが言えないまま終わっていくわ。

言いたいことが言えない人が言うためには、**意識すること**がとっても大切なのよ。

「言いたいことを言うぞ！」という意識を常に持つ。

そのためにはいくつかコツがあるわ。

コツ1●言いたいことをチョイスする

何もかも言いたいことを言う必要はないわ。

自然に言えている人なら、いくらでも言えるけど、アナタはまだ初心者！

どうしても言いたいことを頭の中で考えて、一番言いたいことだけチョイスしておきましょう。

このとき「言いやすい」ものではなく、「言わないと一番モヤモヤすること」を基準に考えておくことが大切よ。

コツ２●タイミングを無視して言う

いつ言おうかタイミングをはかっていると、逆にストレスがたまります。

多少空気を読めないと思われるくらいでいいから、言うと決めたら間髪入れず言ったほうがいいわ。

言いたいことポンポン言えている人って、何も考えずに言っているくらいの勢いでしょ？

コツ3 ● 言いたいことが言えたら、どこかに書き留める

言いたいことが言えた日には、その内容や日付、誰に言えたのかなどを書き留めておきましょう。

目標が達成できたことを書き留めるのって結構大切なことなのよね。

そしてその結果、どうだったかも書いておくのもいいでしょう。

「言いたいことを言うとちゃんとうまくいく」と自分が納得することが大切なのよね。

コツ4 ● 言いたいことが言えたら自分にご褒美をあげる

言いたいことが言えたときには、自分なりにご褒美をあげるのも大切。

気になっていた新しいスイーツを食べるとか、友達と電話して報告するとか、新しい入浴剤を買うとか、なんでもいいわ。

「言いたいことを言う＝いいこと」だと自分の頭にインプットすることが大切なのよ。

うまく言おうとしなくてもいい

言いたいことを伝えるとき、言い方の工夫をしたほうがいいけれど、うまく言う自信がない人もいると思うのよね。
そんなときは、うまく言うことより、ちゃんと言うことを意識したほうがずっといいと思います。
言いたいことが言えない人の本質というのは、
相手のことを気にしすぎ
なのよね。
相手の気分を害するんじゃないかと思って、対立することが怖くて、言いたいことが言えないのよ。
でも言いたいことを言っている人を見ればわかるように、

言いたいことを言う人が嫌われているとは限らない

わけなんです。

最初はなかなか言えないかもしれないけど、思い切って言ってみる。

「今日は肉の気分かな」

「紫外線が苦手だから、私は海以外がいい」

というふうに。

これが大変重要なことなのよ。

だから、うまく言おうとしすぎず、とりあえず口下手でもいいから伝えようとしてみてください。

選り好みしたってかまわない

言いたいことを言うのって、苦手な人にとってはとってもエネルギーを使う作業よ。

誰彼構わず言いたいことを言う必要はありません。

アナタにとって、言いたいことを伝えることが大切な人間関係にだけ、言えればいいのよ。

たとえばクラスメイトくらいだったら言う必要もないけれど、恋人にはちゃんと知っておいてほしいこともあるわよね。

特定の人間関係で言いたいことが言えるようになれば、その相手は、アナタが言いたいことを言うということに慣れてくれるの。

そうすると次からもっと言いやすくなる。

特定の人とのコミュニケーションがスムーズにいくようになれば、自信もついてくるわ。
言いたいことをなぜ言いたいのか、誰と言いたいのか、しっかり選り好みしちゃっていいのよ。
ただ、その相手には
ワガママを言いたいのではなく、関係性をよくしたいから言います
という自分の意志はちゃんと伝えておくといいわ。
いきなり言いたいことが言える人になる必要性は全くないのよ。

「重くならないように、さらっと」がポイント

言いたいことが言えない人って、その思いを自分の中にため込んでため込んで、発酵しそうなほどため込む傾向があるわね。

たとえば、本当は運転が得意じゃないのに、いつの間にかデートのときに自分が運転してばかりだとしましょう。

これが当たり前になってからだと言いにくいので、最初のうちに「前回は私が運転したから、今回は運転をお願いしていいかな」って言っておいたほうがラクよね。

ため込めばため込むほど、

ああ、これを言うと不機嫌になるんじゃないかな
関係性が壊れてしまうんじゃないかな
そのリスクがあるくらいならもう言わなくていいかな

なんていう、ネガティブな思いがどんどん強くなっていくのよね。

そして結局、タイミングを逃して言えなくなる。

でもね、たいていのことって、時間がたてばモヤモヤが薄れていくけど、
言いたいことが言えなかったときって逆なのね
「ああ、また言えなかった。言えない自分ってなんなんだろう」って余計自信がなくなって言えなくなる。

言いたいことなんてボジョレーヌーボーよ。

フレッシュなうちに言うべきで、熟成させても全くおいしくならないのよ。

だから、軽やかなうちに、さらっと言ってしまいましょう。

重要なことほど簡潔に

言いたいことを言うときに、まわりくどく言ってはいけません。

配慮して配慮して、回りくどく言えば言うほど意図が伝わりにくくなるし、
何言ってるんだ、この人？

って相手に思われやすくなります。

そういう圧迫感を感じると、相手に悪く思われるのが嫌なアナタは、余計に言いたいことが言えなくなると思うわよ。

たとえば、動物園に誘われて、行きたくなかったら、

「動物園はいいかな」

って一言、言えばいいのよ。

これを、

「動物は嫌いじゃないけど、今日は多分、みんな疲れてるし、どうなんだろうとか思うけど……」

なんてうだうだ言ってると、きっと相手はこう言ってくると思うのよね。

「は？　行きたくないの？」

こんな展開になると、

「ううん、行こ」

と言うしかなくなるじゃない。

最初に「動物園はいいかな」と言っておけば、

「あ、そうなんだ。じゃあ水族館にする？」

ってなると思うのよね。

端的に、簡潔にさらっと言うのがとっても大切なことなのよ。

気持ちいい言い方を心がける

言いたいことを言うときは、おどおど言っちゃダメ。

さわやかに笑顔で気持ちよく言う。

自分の意見は違うけれども、決して怒ってるわけでも、不機嫌なわけでも、相手のことが嫌いなわけでもない。

それをアナタの態度で示しながら伝えるということはとっても大切なの。

「一人暮らしで寂しいから、みんなで出掛けるとき、今度誘ってくれる？（ニコ）」

「このアプリの使い方がよくわからないの。もう少し丁寧に説明してもらえたら助かるな（ニコ）」

というように。「言語コミュニケーションを非言語コミュニケーションで補いながら言う」という言い方もできるわね。

人って聞きたい言葉しか聞いていないものだから

人間ってコミュニケーションを取れているつもりで取れていないのよね。

自分が何度も言ったつもりでも、相手に全然伝わっていないことなんてしょっちゅうよ。

これにはいくつか原因があるの。

原因1●相手の話を全部聞いていない

まずね、人って相手が発した言葉をずっと聞いているとは限らないの。

学生のときのことを思いだしてみて？

集中して授業を聞いているつもりでも、「あれ、ここ聞いていたはずだけど記憶にないな」なんてことあるでしょ。

人間の脳って、短い間でもいろんなことを考えていたり、耳から聞いた情報を聞き流していたりするものなのよね。

原因2 ● 聞いた話を忘れてしまう

そして、人間は案外忘れやすい。

さっきまで話していたことでも、違う話になったとたん、抜け落ちてしまう。

人間の記憶がしっかり固められるまでにはいろんなプロセスがあって、そこを全部潜り抜けたエリート中のエリートだけが頭に残るくらいの感覚でいいと思うわ。

原因3 ● 自分の解釈しやすいように解釈する

さらに、こちらが伝えたイメージと相手が受け取ったイメージが異なることも多いのよ。これは本人の性格や期待にもよるけどね。

ネガティブな人はネガティブに解釈するし、ポジティブな人はポジティブに解釈する。

そして相手が期待しているときは「期待通りになっている」つもりで聞こうとするのよ。

特に伝える側ってバランスを取ろうとするので、ネガティブなニュースはやんわりと、遠回しに伝える。

でも、聞くほうが都合よく解釈しようとすると、上手にネガティブな部分をカットしてつなげちゃうのよ。

そうするとポジティブな話にもなってしまうわけね。

たとえば、「今回は難しそうだけど、ここを変えれば次回はうまくいくかもしれません」と伝えたとき、相手は「ここを変えればもっとよくなる」というところだけを聞いて、「うまくいった！」と思うこともあるわけです。

これらを踏まえた上で、本当に相手に伝えたいことがあるときは次の2つを押さえてね。

1 ● 書いて伝える

言葉で説明するだけでなく、メールやＬＩＮＥ、メモなど視覚情報でも伝えておく。書かない話は間違って伝わっても仕方がないくらいでもいいのよ。

2●結論だけ先に一言で言う

まず、伝えたいことは簡潔に短く先に伝えておくようにしましょう。必要なことを伝えるのに、冗長な表現はかえって相手のためにならないわ。

この2つを押さえることでうまく伝わるわ。

さあ、「こうしてほしい」を伝えていきましょ！

相手に依頼するのが苦手な人って結構いると思うのよね。

結局、自分でやってしまう。

確かに自分がやったほうが話が早いこともあるんだけど、それだけだと相手のやるべき仕事も奪ってしまう。自分一人の体力も時間も無限じゃないから疲れてしまう。

そして、一人だけじゃできない仕事っていうのもあるのよね。

特に管理職はむしろ自分で仕事をやっちゃダメで、周りをいかに上手に動かすかが大事なの。

つまり、相手に依頼するということも、自分の仕事の一部なのよ。

それが苦手なままだと、自分の可能性を狭める可能性があるっていうことよ。

そこで、どうしたら相手にうまく依頼できるかについて考えてみたいと思います。

まず、相手に依頼するのが苦手な人は、何が苦手なのかを深堀りして考えてみましょう。

相手に依頼するということは、相手の仕事を増やすことでもあります。

仕事を増やすということは嫌がられる可能性があるっていうこと。

つまり、

相手に嫌われるのが嫌

だから依頼が苦手なんです。

こういう人は何かを依頼するたびに相手の顔色をうかがってしまう。

それが疲れるのよね。

ここで2つの対応方法が考えられるわ。具体的には、

方法1　相手に嫌われてもいいと思う

方法2　相手が嫌わないように依頼する

この2つです。

方法1は本質的な解決方法の1つではあるんだけど、それができるのならこの本を買っていないと思うので、方法2のアプローチ方法で考えてみましょう。

相手に嫌われないための方法としては、

簡潔に頼みたいことをシンプルに伝えること

が一番大切なのよ。

実は、「こうしてほしい」を伝えるのが苦手な人ってこの逆をやりがちなの。

遠周しに、相手の顔色をうかがいながら、おそるおそる伝えようとする。

そうすると何が起きるかというと、

私はアナタより立場の弱い人間です

というメッセージを放ってしまうのね。

だから相手が高飛車になってしまい、余計にアナタは「こうしてほしい」が言えなくなる。それに、回りくどく言うことによって、相手も「嫌な予感」を感じ取り、アナタの切りだすことに警戒するようになる。

そうすると、大したことのない話でも相手は「なるべく断ろう」としてくるのよ。

アナタは「気を使ったのに、大したことのない話も断られてしまった」という失敗経験を重ね、ますます「こうしてほしい」が言えなくなるの。

頼み上手な人間は、みんなあっさりケロッと用件を伝えているものよ。

まず、「ダメでもともと」くらいの気持ちで、シンプルに伝えることを心がけてみることが大切なのよ。


どうせわかってくれないから言わない？

ノンノン、それは違います。

言いたいことを言えない人って、はなから「どうせわかってくれないから言わない」って思ってることがあるのよね。
こういう態度を、別名、
ふてくされている
と言います。
でもね、ふてくされているのって、勝手がわかっている相手にだけ通用するのよね。
勝手もわからない、親しくもない相手にふてくされても完全に一人相撲。

どんどんすねていって、自分だけが損するわ。

だから「どうせわかってくれない」という思いを外してみましょうか。

やり方はとても簡単。


「誰も他人のことはわからない」


と自覚することです。

そう、アナタのおっしゃる通り、相手のことをわかってあげられるなんて幻想なんです。だからこそ、言葉で伝えるのよ。

もうちょっとわかりやすく言うとね、完全にわかってもらうことはできない。

でも自分の気持ちを表明することはできる。

わかってもらえないからこそ言うことが大切なんです。

「わかってくれないから言わない」と考える人は、そう考えることで「相手に伝えること」から目を背けている部分もあるのよ。そうすれば苦手なことをしなくてすむ。

でも、それを続けていては苦手なことがどんどん苦手になってしまうわ。

だからこそ「わかってもらう」という期待を、はなから外す。

そうすることで、「上手に相手に伝えなきゃ」と思うことができるのよ。

相手に言いたいことを言うときって、相手にわかってもらえなくてもいいんです。

でも言うことによって、相手は「あ、この人は考え方が違うのかもしれない」って気がついてもらえる。

わかってもらえなくても「じゃあ、どうするのがいいと思う？」って聞いてくれる。

何も言わなければ、アナタの意見、アナタの気持ちが存在しないことになってしまう。だから言う必要があるということなのよ。

「どうせわかってくれないから言わない」

という習慣が根づいてしまうと、アナタの気持ちが表せません。

なかったことにすると、アナタはいずれ辛くなってしまう。

「相手にわかってもらう」を期待しないと、ちょっと言いやすくなるのよ。

わかってもらえなくてもいいんです。

そこに「違う！」というアナタの気持ちがあることをちゃんと表明しましょう。

人生をよりよくする「考え方」は、こうして生まれた

アテクシの『言いたいことがラクに伝わる35の方法』、いかがだったかしら？

アテクシのアイデアの元は2つあります。1つは日々の診察です。

患者様は、日々の悩みを抱えて生きています。今回のテーマのように「言いたいことが言えない」という悩みも、多く見られます。

アテクシは、病気の治療もしますが、それとは別に、日々の悩みにもフォーカスしていきます。一見雑談に見えるような話の中で、「あっ、こういう考え方、どうかしら？」と思いつくことができるのです。

もう1つは自分の経験です。アテクシは、開業医であった父の元で生まれました。大した反抗期もなく、医者として家を継いで、結婚して、子供を親に見せて生きていくものだと思っていました。しかし、自分がゲイだと自覚したときから、そんな生き方はできなくなりました。自分の気持ち、自分のライフプランをどうしていくか、

絶え間なく考えていくことになりました。

ある程度、自分の生き方が固まりつつあった30代、さらなる大きな問題とも向き合うことになりました。父と、7年半連れ添った当時のパートナーを失ったのです。

自分の内面の問題をアテクシは自分自身で解決していく必要がありました。

自分の役に立った考え方を患者様にも投げかけ、診察の中で生まれた考え方を自分にも取り入れる。**二つのアイデアが両輪として絡み合い、気がつけば、アテクシ独特の哲学のようなものが出来上がっていきました。**今回はその中から、「言いたいことを伝える」というテーマに従って抽出し、この本が完成しました。

最後に、この本を世に出すきっかけを与えてくださった大和出版の葛原令子様、この本をお手に取っていただいた読者の皆様に心よりお礼申し上げたいと思います。

言いたいことを伝えて、皆様の人生が、よりラクなものになりますよう。

精神科医Tomy

精神科医《せいしんかい》Tomyの
言《い》いたいことがラクに伝《つた》わる35の方法《ほうほう》
もう、“言わずに我慢”なんてしなくていい！

2021年7月31日　初版発行

著　者……精神科医《せいしんかい》Tomy
発行者……塚田太郎
発行所……株式会社大和出版
東京都文京区音羽1-26-11　〒112-0013
電話　営業部03-5978-8121／編集部03-5978-8131
http://www.daiwashuppan.com
印刷所……信毎書籍印刷株式会社
製本所……ナショナル製本協同組合
装幀者……喜來詩織（エントツ）
装画者……カツヤマケイコ

ISBN978-4-8047-6372-9

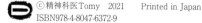